Christian Niemöller
Die Beschleunigung fälliger Zahlungen beim Bauvertrag

Die Beschleunigung fälliger Zahlungen beim Bauvertrag

Ein Leitfaden zur Anwendung des
Gesetzes zur Beschleunigung fälliger Zahlungen
vom 30.3.2000 mit Musterbriefen für Auftragnehmer,
Auftraggeber und Sachverständige

von

Christian Niemöller
Rechtsanwalt, Frankfurt/M.

Verlag C. H. Beck München 2000

Die Deutsche Bibliothek – CIP-Einheitsaufnahme

Niemöller, Christian:
Die Beschleunigung fälliger Zahlungen beim Bauvertrag : ein Leitfaden zur Anwendung des Gesetzes zur Beschleunigung fälliger Zahlungen vom 30.3.2000 mit Musterbriefen für Auftragnehmer, Auftraggeber und Sachverständige / Christian Niemöller. – München : Beck, 2000
ISBN 3-406-47164-1

© 2000 Verlag C. H. Beck oHG
Wilhelmstraße 9, 80801 München

Druck: Nomos Verlagsgesellschaft
In den Lissen 12, 76547 Sinzheim

Satz: Fotosatz H. Buck
Zweikirchener Straße 7, 84036 Kumhausen

Gedruckt auf säurefreiem, alterungsbeständigem Papier
(hergestellt aus chlorfrei gebleichtem Zellstoff)

Vorwort

Das Gesetz zur Beschleunigung fälliger Zahlungen vom 30.3.2000 beeinflusst den bauvertraglichen Rechtsverkehr in ganz besonderem Maße. Der an sich bauvertraglich motivierte Eingriff in das Schuldrecht des BGB, insbesondere aber in die werkvertraglichen Bestimmungen ist einschneidend. So wird nicht nur das werkvertragliche Leitbild des BGB-Werkvertrages grundlegend verändert, auch die flankierenden gesetzlichen Veränderungen insbesondere zum Verzugsrecht haben erheblichen Einfluss auf die Alltagspraxis bei der Abwicklung von Bauverträgen.

Ein Verdienst des Verbandes der Fenster- und Fassadenhersteller e.V. in Frankfurt/Main ist es, dass der Verfasser Gelegenheit hatte, das Gesetzgebungsverfahren aus relativer Nähe zu verfolgen. Mein besonderer Dank gilt in diesem Zusammenhang dem Präsidenten des Europäischen Dachverbandes der Fenster- und Fassadenhersteller Eurowindoor, Herrn Alfons Schneider, der mit ideellem und materiellem Einsatz Mittel und Wege zur Verbesserung der Zahlungsmoral im Baugewerbe untersuchen ließ und mit dem Verfasser gemeinsam zu der Erkenntnis gelangt ist, dass der gesetzgeberische Weg mit dem Gesetz zur Beschleunigung fälliger Zahlungen vom 30.3.2000 in seinem materiellen Ansatz nicht weit genug reicht.

Bei der Erarbeitung des vorliegenden Leitfadens haben die Rechtsanwälte Radermacher und Teller den Verfasser unterstützt, wofür gleichfalls zu danken ist.

Die Bauvertragspraxis wird zeigen müssen, ob der gewünschte Beschleunigungseffekt durch die gesetzliche Neuregelung erreicht bzw. immerhin gefördert werden kann.

Im September 2000   Der Verfasser

Literaturverzeichnis

Basty	Der Bauträgervertrag, 3. Auflage Köln 1997.
Bleutge	Fertigstellungsbescheinigung – Neue Aufgaben für Sachverständige, IfS 1. Auflage Köln 2000
Brambring	§ 284 Abs. 3 BGB und Grundstückskaufvertrag, DNotZ 2000, S. 245 ff.
Deutsche Gesellschaft für Mittelstandsberatung (DGM)	Gemeinschaftsuntersuchung zur Stärkung der mittelständischen Bauwirtschaft beauftragt von Alfons Schneider, Christian Niemöller und dem Verband der Fenster- und Fassadenhersteller, München 1999 (unveröffentlicht)
Fabis	Das Gesetz zur Beschleunigung fälliger Zahlungen – Inhalt und Auswirkungen, ZIP 2000, S. 865 ff.
Ganten/Jagenburg/Motzke (Hrsg.)	Beck'scher VOB-Kommentar, VOB Teil B München 1997
Hauptverband der Deutschen Bauindustrie	Stellungnahme des Hauptverbandes der Deutschen Bauindustrie zum Entwurf eines Gesetzes zur Beschleunigung fälliger Zahlungen (Bundestagsdrucksache 14/1246) sowie zum Entwurf eines Gesetzes zur Verbesserung der Durchsetzung von Forderungen der Bauhandwerker (Bundestagsdrucksache 14/673) zur Anhörung des Rechtsausschusses und des Ausschusses für Angelegenheiten der neuen Länder am 29.9.1999, Berlin 1999
	Kurzstellungnahme, wie vor
Heiermann/Riedl/Rusam	Handkommentar zur VOB/A und B, 8. Auflage Wiesbaden 1997.
Hertel	Das Gesetz zur Beschleunigung fälliger Zahlungen und seine Folgen für die notarielle Praxis, ZNotP 2000, S. 130 ff.
Ingenstau/Korbion,	Kommentar zur VOB, 13. Auflage Düsseldorf 1996.
Kiesel	Das Gesetz zur Beschleunigung fälliger Zahlungen, NJW 2000, S. 1673 ff.
Kleine-Möller/Merl/Oelmaier	Handbuch des privaten Baurechts, 2. Auflage München 1997
Kniffka	Das Gesetz zur Beschleunigung fälliger Zahlungen – Neuregelung des Bauvertragsrechts und seine Folgen, ZfBR 2000, S. 227 ff.
Kokalj/Paffenholz/Schröer,	Zahlungsverzug und Forderungsmanagement in mittelständischen Unternehmen, IfM Bonn Nr. 86 NF

Literaturverzeichnis

Medicus	Bemerkungen zur Neuregelung des Schuldnerverzugs, DNotZ 2000, S. 256 ff.
Palandt	Bürgerliches Gesetzbuch, 59. Auflage München 2000
Pick	Zur neuen Verzugsregelung für Geldforderungen, ZFIR 2000, S. 333 ff.
Risse	Verzug nach 30 Tagen – Neuregelung in § 284 Abs.3 BGB, BB 2000, S. 1050 ff.
Vygen	Bauvertragsrecht nach VOB und BGB, 3. Auflage Wiesbaden 1997
Weber	Zahlungsmoral im Baugewerbe – ein Problem für den Gesetzgeber ZRP 1999, S. 282 ff.
Werner	Das neue Gesetz zur Beschleunigung fälliger Zahlungen – Ein erster Schritt? BW 2000, S. 36 ff.
Werner/Pastor	Der Bauprozeß, 9. Auflage Düsseldorf 1999.
Weyer	Umfang der Einrede des nichterfüllten Vertrages und Kostenentscheidung, BauR 1981, 426
Zentralverband des Deutschen Handwerks	Stellungnahme des Zentralverbandes des Deutschen Handwerks zum Gesetzentwurf „Gesetz zur Verbesserung der Durchsetzung von Forderungen der Bauhandwerker" (Bundestagsdrucksache 14/673) sowie zum Gesetzentwurf „Entwurf eines Gesetzes zur Beschleunigung fälliger Zahlungen" (Bundestagsdrucksache 14/1246) zur Anhörung des Rechtsausschusses und des Auschusses für Angelegenheiten der neuen Länder am 29.9.1999, Berlin 1999
Zöller	Zivilprozessordnung, 21. Auflage Köln 1999

Abkürzungsverzeichnis

a.a.O.	am angegebenen Ort
Abl.	Amtsblatt
Abs.	Absatz
a.F.	alte Fassung
AGB	Allgemeine Geschäftsbedingung
AGBG	Gesetz zur Regelung des Rechts der Allgemeinen Geschäftsbedingungen
Anm.	Anmerkung
Art.	Artikel
BauR	Baurecht, Zeitschrift für das gesamte öffentliche und private Baurecht
BB	Betriebsberater
BGB	Bürgerliches Gesetzbuch
BGBl.	Bundesgesetzblatt
BGH	Bundesgerichtshof
BGHZ	Entscheidungen des Bundesgerichtshofes in Zivilsachen
BW	Bauwirtschaft
bzw.	beziehungsweise
ca.	circa
DGM	Deutsche Gesellschaft für Mittelstandsberatung mbH
d.h.	das heißt
DM	Deutsche Mark
DNotZ	Deutsche Notar-Zeitschrift
EG	Europäische Gemeinschaft
EGBGB	Einführungsgesetz zum Bürgerlichen Gesetzbuch
endg.	endgültig
etc.	etcetera
e.V.	eingetragener Verein
EWG	Europäische Wirtschaftsgemeinschaft
EWR	Europäischer Wirtschaftsraum
ff.	folgend(e)
FNA	Fundstellennachweis A (BGBl. I, III)
GG	Grundgesetz für die Bundesrepublik Deutschland
GSB	Gesetz über die Sicherung von Bauforderungen
HGB	Handelsgesetzbuch
IfM	Institut für Mittelstandsforschung
IfS	Institut für Sachverständigenwesen e.V.
i.V.m.	in Verbindung mit
KMU	Kleine und mittlere Unternehmen

Abkürzungsverzeichnis

li.Sp. . . . . linke Spalte

MaBV . . . . . . Makler- und Bauträgerverordnung
MDR . . . . . . Monatszeitschrift für Deutsches Recht
m.w.N. . . . . . mit weiteren Nachweisen
m.z.w.N . . . . . mit zahlreichen weiteren Nachweisen

n.F. . . . . neue Fassung
NJW . . . . Neue Juristische Wochenschrift
NJW-RR . . . . NJW-Rechtsprechungs-Report-Zivilrecht
Nr. . . . . Nummer
NZBau . . . . . Neue Zeitschrift für Baurecht

OLG . . . . Oberlandesgericht

re.Sp. . . . . rechte Spalte
RGBl. . . . . . . Reichsgesetzblatt
Rn. . . . . Randnummer

S. . . . . Seite
SRF-Satz . . . . Spitzenrefinanzierungsfacilität (Satz der Europäischen Zentralbank)

vgl. . . . . vergleiche
VOB/A . . . . . Verdingungsordnung für Bauleistungen Teil A
VOB/B . . . . . Verdingungsordnung für Bauleistungen Teil B

WM . . . . Wertpapiermitteilungen

z.B. . . . . zum Beispiel
ZfBR . . . . Zeitschrift für deutsches und internationales Baurecht
ZfIR . . . . Zeitschrift für Immobilienrecht
Ziff. . . . . Ziffer
ZIP . . . . Zeitschrift für Wirtschaftsrecht
ZNotP . . . . . . Zeitschrift für Notarpraxis
ZPO . . . . Zivilprozessordnung
ZRP . . . . Zeitschrift für Rechtspolitik

Inhaltsverzeichnis

	Seite
Vorwort	V
Literaturverzeichnis	VII
Abkürzungsverzeichnis	IX

Kapitel A. Einleitung 1

    I. Wirtschaftliche Hintergründe für die gesetzgeberische Initiative   1
    II. Entwicklungen zum Gesetz 4
        1. Der Gesetzesentwurf der CDU/CSU-Fraktion zum Bauvertragsgesetz (Bundestagsdrucksache 14/673) 4
        2. Der Entwurf zum Gesetz zur Beschleunigung fälliger Zahlungen – Bericht der Bund-Länder-Arbeitsgruppe zur Verbesserung der Zahlungsmoral 5
        3. Die Beiträge der Industrieverbände, insbesondere des Hauptverbandes der Deutschen Bauindustrie und des Verbandes der Fenster- und Fassadenhersteller, Frankfurt ... 5
            a) Beitrag des Hauptverbandes der Deutschen Bauindustrie e.V. 6
            b) Beitrag des Verbandes der Fenster- und Fassadenhersteller e.V. 7
    III. Skizze der Debattenbeiträge im Deutschen Bundestag 11

Kapitel B. Die Regelungen im Einzelnen 13

    I. § 284 BGB, Verzug des Schuldners 14
        1. Allgemeines 14
        2. Voraussetzungen des Verzuges 17
        3. Beendigung des Verzuges 19
        4. Abdingbarkeit durch vertragliche Vereinbarungen 20
        5. Inkrafttreten – Hinweise für die Praxis 21
    II. § 288 BGB, Verzugszinsen 22
        1. Allgemeines 22
        2. Veränderungen des gesetzlichen Zinssatzes – Zusammenspiel mit den VOB-Regelungen 23
        3. Zahlungsbeschleunigung durch Zinssatzerhöhung 23

Inhaltsverzeichnis

	Seite
4. Abdingbarkeit durch vertragliche Vereinbarungen	24
5. Inkrafttreten – Hinweise für die Praxis	24

III. § 632a BGB, Abschlagszahlungen 26
   1. Allgemeines 26
   2. Anspruchsvoraussetzungen 27
   3. Abdingbarkeit durch vertragliche Vereinbarung 31
   4. Inkrafttreten – Hinweise für die Praxis 32

IV. § 640 BGB, Abnahme 34
   1. Allgemeines 34
   2. Voraussetzungen der Abnahme 35
   3. Abdingbarkeit durch vertragliche Vereinbarungen . 37
   4. Inkrafttreten – Hinweise für die Praxis 38

V. § 641 BGB, Fälligkeit der Vergütung 40
   1. Allgemeines 40
   2. Voraussetzungen der Durchgriffsfälligkeit nach § 641 Abs. 2 BGB 41
   3. Voraussetzungen für die Berechtigung zum Druckzuschlag nach § 641 Abs. 3 BGB 45
   4. Abdingbarkeit durch vertragliche Vereinbarungen . 46
   5. Inkrafttreten – Hinweise für die Praxis 46

VI. § 641a BGB, Fertigstellungsbescheinigung 48
   1. Allgemeines 49
   2. Voraussetzungen des Abnahmeeintritts nach § 641a BGB ... 50
   3. Vermutungstatbestand nach § 641a Abs. 1 Satz 4 BGB – Voraussetzungen 56
   4. Erteilung der Fertigstellungsbescheinigung auch für einen in sich abgeschlossenen Teil 57
   5. Form der Fertigstellungsbescheinigung 57
   6. Abdingbarkeit durch vertragliche Vereinbarungen . 58
   7. Inkrafttreten – Hinweise für die Praxis 58

VII. § 648a BGB, Sicherheit des Bestellers 59
   1. Allgemeines 60
   2. Inhalt der Neuregelung 60
   3. Abdingbarkeit durch vertragliche Vereinbarungen . 62
   4. Inkrafttreten – Hinweise für die Praxis 62

VIII. § 27a AGBG, Abschlagszahlungen beim Hausbau ... 63
   1. Allgemeines 63
   2. Erwartungen zur Ausübung der Ermächtigungsnorm ... 64
   3. Inkrafttreten 64

IX. § 352 HGB, Gesetzlicher Zinssatz 65
   1. Allgemeines 65
   2. Zur Anwendung 65

Inhaltsverzeichnis

	Seite
3. Inkrafttreten	65
X. § 301 ZPO, Teilurteil	66
1. Allgemeines	66
2. Prozessuale Auswirkungen	66
3. Inkrafttreten	67
XI. § 302 ZPO, Vorbehaltsurteil	68
1. Allgemeines	68
2. Auswirkungen für die Rechtsanwendungspraxis	69
3. Inkrafttreten	69

Kapitel C. Musterbriefe für Auftragnehmer, Auftraggeber und Sachverständige ... 71

- I. Vorbemerkungen ... 71
- II. Musterbriefe für Unternehmer ... 73
  1. Fristsetzung zur Durchführung der Abnahme gemäß § 640 Abs. 1 BGB ... 73
  2. Muster zu Einleitung des Sachverständigenverfahrens gemäß § 641a Abs. 2 BGB im Einvernehmen mit dem Besteller (Bestätigung der Einigung mit Quittungsvermerk des Bestellers) ... 75
  3. Antrag auf Bestimmung eines öffentlich-bestellten und vereidigten Sachverständigen durch eine zuständige Kammer ... 78
  4. Erste Kontaktaufnahme mit dem Sachverständigen (Einholung eines Angebotes) ... 80
  5. Beauftragung eines Sachverständigen ... 82
- III. Musterbriefe für den Auftraggeber/Besteller ... 85
  1. Abnahmeverweigerungserklärung ... 85
  2. Geltendmachung eines Zurückbehaltungsrechts gemäß § 641 Abs. 3 BGB ... 88
- IV. Musterbriefe für den Sachverständigen ... 90
  1. Angebotsabgabe ... 90
  2. Bestätigung des erteilten Gutachterauftrages mit Anforderung gegebenenfalls ergänzender Unterlagen nach § 641a Abs. 3 BGB ... 92
  3. Gutachtervertrag nebst Begleitschreiben an den Unternehmer ... 94
  4. Einladung zum Besichtigungstermin gemäß § 641a Abs. 3 BGB ... 98
  5. Muster einer Fertigstellungsbescheinigung ... 100

Inhaltsverzeichnis

Anhang. Texte 103

    I. Gesetz zur Beschleunigung fälliger Zahlungen vom
       30. März 2000 103
   II. Gesetz über die Sicherung der Bauforderungen 108
  III. VOB Teil B (Ausgabe 2000) 111
  IV. VOB 2000: Die Änderungen in der VOB/B 130
   V. Geänderter Vorschlag für eine RICHTLINIE DES
      EUROPÄISCHEN PARLAMENTS UND DES RATES
      zur Bekämpfung von Zahlungsverzug im Geschäftsverkehr ... 132

Sachverzeichnis 143

Kapitel A. Einleitung

I. Wirtschaftliche Hintergründe für die gesetzgeberische Initiative

Die Zahlungsmoral in Deutschland hat sich zu einem ernsthaften Problem für die Wirtschaft, insbesondere für die Bauhandwerker, entwickelt. So wurden im Jahr 1998 Abschlagsrechnungen durchschnittlich erst nach etwa 30, Schlußrechnungen im Gesamtdurchschnitt etwa nach 70 Tagen bezahlt[1]. Nach Untersuchungen der Vereine Creditreform hat sich die Zahlungsmoral der Handwerkskunden sowohl in West- als auch in Ostdeutschland seit 1993 kontinuierlich verschlechtert[2]. Besonders schlecht hat sich die Zahlungsmoral in Ostdeutschland entwickelt. Im Frühjahr 1998 gaben 37,4% der befragten ostdeutschen Handwerksbetriebe an, daß die Zahlungsmoral ihrer Kunden mangelhaft oder ungenügend sei[3]. Auch in Westdeutschland hat sich die Zahlungsmoral seit 1993 kontinuierlich verschlechtert. Fast jeder fünfte Handwerksbetrieb beklagt sich über stark verspätete oder nicht eingegangene Zahlungen[4]. Der Zahlungseingang für Schlußrechnungen an Behörden des Bundes und der Länder erfolgte 1998 durchschnittlich erst nach rund 100 Tagen[5].

Der durch die Verschleppung bei der Zahlung entstehende Zahlungsverzug und die damit möglichen Forderungsausfälle bei den Gläubigern stehen in unmittelbarem Zusammenhang mit dem Thema „Unternehmensinsolvenzen". So wird als eine der wesentlichen Ursachen für den jährlichen Anstieg der Insolvenzfälle regelmäßig die schlechte Zahlungsmoral der privaten und öffentlichen Schuldner angesehen[6].

Zahlungsverzögerungen führen unmittelbar zu Liquiditätsengpässen und gravierenden Folgeproblemen bei den Handwerksbetrieben. Gerade bei Betrieben mit mangelndem Eigenkapital können Zahlungsverzögerungen eine Folgekette negativer Entwicklungen auslösen, denn Liquiditätsengpässe kön-

---

[1] *Werner,* BW 2000, 36.
[2] DGM, Gemeinschaftsuntersuchung S. 23 ff.; Stellungnahme des Zentralverbandes des Deutschen Handwerkes, S. 2.
[3] DGM, Gemeinschaftsuntersuchung S. 23 ff.; Stellungnahme des Zentralverbandes des Deutschen Handwerkes, S. 3.
[4] DGM, Gemeinschaftsuntersuchung S. 23 ff.; Stellungnahme des Zentralverbandes des Deutschen Handwerkes, S.3.
[5] DGM, Gemeinschaftsuntersuchung S. 23 ff.; Werner, a.a.O.
[6] *Kokalj/Paffenholz/Schröer,* Zahlungsverzug, S. 1.

nen meist nicht aus eigenen Mitteln aufgefangen werden. Unabhängig vom Zahlungseingang müssen laufende Ausgaben finanziert werden, um den Betriebsablauf zu gewährleisten. Auch die Vorfinanzierung von Folgeaufträgen wird erschwert. Verspätete Zahlungseingänge bewirken dann entweder eine Störung der Betriebsabläufe oder Kostensteigerungen durch die Notwendigkeit der Kreditaufnahme, um entstehende Liquiditätsengpässe zu überbrücken und die Betriebskosten zu finanzieren. Darüber hinaus sind die (zusätzlichen) Kosten der Rechtsverfolgung zu erwähnen, die durch Mahnungen sowie aufgrund der gerichtlichen Geltendmachung von Forderungen entstehen können[7].

Problematisch ist der Zahlungsverzug und Forderungsausfall jedoch nicht nur für das unmittelbar betroffene Unternehmen, sondern auch für alle Unternehmen, die in Geschäftsbeziehungen zu einem mit Verspätung zahlenden oder zahlungsunfähigen Unternehmen stehen. Zahlungsverzug oder Zahlungsunfähigkeit eines Unternehmens können sich in einer allgemein angespannten Liquiditätssituation wie bei einem Schneeballsystem auf alle Unternehmen im (vertraglichen) Beziehungsgeflecht übertragen, so daß es nicht bei einem auf das ursprünglich betroffene Unternehmen begrenzten Schadensfall bleiben muß[8].

Bei Betrachtung des Zahlungsverhaltens in der deutschen Wirtschaft wird eine Tendenz zur verspäteten Zahlung erkennbar, die insbesondere auf eine Zunahme der Bereitschaft zur bewußten, systematischen Überschreitung von Zahlungsfristen als Instrument der eigenen Finanzplanung zurückzuführen ist. Ein derartiges Verhalten soll dazu dienen, durch Hinausschieben oder Zurückhalten von fälligen Geldern Zinsgewinne zu erzielen oder Forderungsbeträge zu reduzieren. Als Begründung für einen Zahlungseinbehalt werden vielfach angebliche Mängel vorgeschoben, so daß der Eintritt des Zahlungsverzuges zudem einer rechtlichen Klärung bedarf[9].

Begünstigt wurden Zahlungszielüberschreitungen bislang durch rechtliche Rahmenbedingungen, die im Ergebnis dazu geführt haben, daß den säumigen Schuldnern überhaupt erst wirtschaftliche Vorteile entstehen können. So ist davon auszugehen, daß sich der bisherige gesetzliche Verzugszins (4% gemäß § 288 Absatz 1 BGB a.F. bzw. 5% gemäß § 352 Absatz 1 HGB a.F.), der deutlich unterhalb des marktüblichen Zinssatzes lag, vorteilhaft auf die Finanzierungskosten der säumigen Schuldner ausgewirkt hat. Die Geltendmachung marktüblicher Zinssätze war und ist dem Gläubiger zwar theoretisch möglich, die hiermit verbundene Nachweispflicht der höheren Kosten wird von kleineren und mittleren Unternehmen jedoch häufig als zu zeitaufwendig, umständlich sowie kompliziert empfunden und unterbleibt daher oftmals. Häufig werden auch die gesetzlichen Bestimmungen und Verfahrens-

---

[7] Stellungnahme des Zentralverbandes des Deutschen Handwerkes, S. 4.
[8] *Kokalj/Paffenholz/Schröer*, Zahlungsverzug, S. 1.
[9] *Kokalj/Paffenholz/Schröer*, Zahlungsverzug, S. 3.

I. Wirtschaftliche Hintergründe A

vorschriften für die Herbeiführung des Verzuges und die Erlangung eines vollstreckbaren Titels von den kleinen und mittleren Unternehmen als zu kompliziert angesehen. Je nach Forderungsbetrag wird der Zeit- und Kostenaufwand bei einer gerichtlichen Geltendmachung als zu hoch angesehen, zumal wenn die Befriedigung aus dem letztendlich vollstreckbaren Titel ungewiß erscheint[10].

Speziell im Bauhandwerk haben sich im Jahr 1999 die Klagen gehäuft, daß Zahlungen selbst bei einwandfreier Arbeit bewußt verweigert werden. In diesen Fällen war festzustellen, daß von Auftraggeberseite der lange Rechtsweg zur Erlangung eines vollstreckbaren Titels (Urteil) ausgenutzt wird, den Zahlungsbetrag zu reduzieren[11]. Bei diesem Vorgehen wird von Schuldnerseite insbesondere damit spekuliert, daß die Gerichte auch aufgrund ihrer Überlastung häufig zu einer Beendigung des Rechtsstreites durch einen Vergleich drängen[12].

---

[10] *Kokalj/Paffenholz/Schröer,* Zahlungsverzug, S. 4.
[11] *Weber,* ZRP 1999, 282.
[12] *Weber,* a.a.O.

II. Entwicklungen zum Gesetz

Am 1.5.2000 ist das Gesetz zur Beschleunigung fälliger Zahlungen in Kraft getreten. Dieses Gesetz geht auf den Entwurf der Regierungskoalitionsfraktionen vom 23.6.1999 (Bundestagsdrucksache 14/1246) zurück, der am 29.9.1999 im Rechtsausschuß und Ausschuß für die neuen Bundesländer im Bundestag beraten, dann überarbeitet und in geänderter Fassung aufgrund der Beschlußempfehlung des Rechtsausschusses vom 20.2.2000 (Bundestagsdrucksache 27/2752) am 24.2.2000 vom Bundestag beraten und – wie empfohlen – verabschiedet wurde. Der Bundesrat hat das Gesetz am 17.3.2000 gebilligt, der Bundespräsident hat es am 30.3.2000 ausgefertigt. Es ist am 7.4.2000 verkündet worden (BGBl I. 330–332) und am 1.5.2000 in Kraft getreten[13].

1. Der Gesetzesentwurf der CDU/CSU-Fraktion zum Bauvertragsgesetz (Bundestagsdrucksache 14/673)

Schon vor dem Gesetz gewordenen Entwurf hatte die CDU/CSU am 26.3.1999 den „Entwurf eines Gesetzes zur Verbesserung der Durchsetzung von Forderungen der Bauhandwerker (Bauvertragsgesetz/Bundestagsdrucksache 14/673) im Bundestag eingebracht, der am 22.4.1999 in erster Lesung beraten wurde. Dieser Entwurf wurde am 24.2.2000 vom Bundestag – mit Verabschiedung des Gesetzes – für erledigt erklärt[14].

Der von der CDU/CSU-Fraktion in den Bundestag eingebrachte Gesetzentwurf beschränkt sich auf den Bereich des Bauhandwerks, da die Baubranche am stärksten vom Zahlungsverzug betroffen ist. Zum einen ist dies darauf zurückzuführen, daß deren Leistungserbringung in der Regel auf Werkverträgen beruht, die spezifischen gesetzlichen Regularien unterliegen und deren Besicherung und Durchsetzung Schwierigkeiten aufweisen. Zum anderen fließen in die Leistungserstellung regelmäßig hohe Vorleistungen ein, die in der Regel von dem Werkunternehmer vorfinanziert werden müssen[15].

In dem Gesetzentwurf (Bundestagsdrucksache 14/673) ist die Schaffung eines eigenen Abschnittes „Bauvertrag" in Ergänzung des allgemeinen Werkvertragsrechts des Bürgerlichen Gesetzbuches vorgesehen, durch den die

---

[13] Zusammenfassend: *Kiesel,* NJW 2000, 1673.
[14] Vgl. *Kiesel,* NJW 2000, 1673.
[15] Bundestagsdrucksache 14/673; *Kokalj/Paffenholz/Schröer,* Zahlungsverzug, S. 40.

II. Entwicklungen zum Gesetz   **A**

Rechtstellung des Bauunternehmers im Ergebnis verbessert werden sollte. Es war geplant, auch das Gesetz über die Sicherung der Bauforderungen in das Bürgerliche Gesetzbuch bzw. in das Strafgesetzbuch zu übernehmen. Weiter sollte ein neues zivilprozessuales Rechtsinstitut geschaffen werden, das es dem Richter erlaubt hätte, in Bausachen im Wege einer Vorabentscheidung nach billigem Ermessen einen vorläufig vollstreckbaren Teilbetrag zuzusprechen[16].

2. Der Entwurf zum Gesetz zur Beschleunigung fälliger Zahlungen – Bericht der Bund-Länder-Arbeitsgruppe zur Verbesserung der Zahlungsmoral

Die Arbeitsgruppe „Verbesserung der Zahlungsmoral" hat am 15.4.1999 ein Eckpunktepapier vorgelegt, in dem Ursachen für Zahlungsverzögerungen dargelegt und rechtliche Maßnahmen zur Eindämmung von Zahlungsverzögerungen vorgeschlagen werden. Der von der Arbeitsgruppe identifizierte Reformbedarf hat Eingang in den Gesetzentwurf der Regierungskoalition zur Beschleunigung fälliger Zahlungen vom 23.6.1999 gefunden. Die vorgesehenen Änderungen im Werkvertragsrecht betreffen allerdings nicht nur Bauleistungen, sondern gelten allgemein für alle Werkvertragsleistungen ungeachtet der Branchenzugehörigkeit[17].

3. Die Beiträge der Industrieverbände, insbesondere des Hauptverbandes der Deutschen Bauindustrie und des Verbandes der Fenster- und Fassadenhersteller, Frankfurt

Ideen und Initiativen, um im Ergebnis eine Beschleunigung fälliger Zahlungen herbeizuführen, wurden im Vorfeld des nunmehr geltenden Gesetzes in vielfältiger Hinsicht entfaltet. So haben sich insbesondere die Arbeitsgemeinschaft der Verbraucherverbände e.V., der Deutsche Industrie- und Handelstag, der Hauptverband der Deutschen Bauindustrie e.V., der Sächsische Baugewerbeverband e.V. und der Zentralverband des Deutschen Handwerks in entsprechenden Stellungnahmen im Rahmen der Anhörungen vor dem Rechtsausschuß und dem Ausschuß für Angelegenheiten der neuen Länder am 29.9.1999 sowie der Verband der Fenster- und Fassadenhersteller e.V. mit dem Gesetzesentwurf kritisch auseinandergesetzt.

---

[16] Bundestagsdrucksache 14/673.
[17] *Kokalj/Paffenholz/Schröer*, Zahlungsverzug S. 40.

a) Beitrag des Hauptverbandes der Deutschen Bauindustrie e.V.

In der Stellungnahme des Hauptverbandes der Deutschen Bauindustrie im Rahmen der Anhörung vor dem Rechtsausschuß und des Ausschusses für Angelegenheiten der neuen Länder am 29.9.1999 wurde unter anderem darauf hingewiesen, daß insbesondere ein Vergütungseinbehalt unter Berufung auf vermeintliche Mängel oder der pauschale Einwand der Nichtprüfbarkeit einer Rechnung dem Unternehmen dringend benötigte Geldmittel entziehe, die nur in einem in aller Regel sehr zeitraubenden gerichtlichen Verfahren geltend gemacht werden könnten. Hinzu komme, daß teilweise ohne jegliche Begründung Zahlungen verweigert oder wesentlich verzögert würden.

Sowohl der Entwurf eines Gesetzes zur Beschleunigung fälliger Zahlungen der Bundestagsfraktionen der SPD und Bündnis 90/Die Grünen als auch der Entwurf eines Gesetzes zur Verbesserung der Durchsetzung von Forderungen der Bauhandwerker der CDU/CSU-Bundestagsfraktion und der Sächsischen Landesregierung würden – mit zum Teil unterschiedlichen Ansätzen – auf eine Beseitigung dieser Mißstände zielen und werden insofern vom Hauptverband der Deutschen Bauindustrie e.V. begrüßt. Hinsichtlich einzelner Regelungsbereiche sei jedoch eine Ergänzung bzw. Modifikation der angedachten Regelungen notwendig, um zu einer wirkungsvollen Lösung der Probleme zu gelangen[18].

Für den Hauptverband der Deutschen Bauindustrie waren nachfolgend dargestellte Anmerkungen zu den Gesetzesentwürfen veranlaßt:

Der in beiden Gesetzesentwürfen anerkannte Änderungsbedarf:

Eine Anhebung der Verzugszinsen wurde von seiten des Hauptverbandes der Deutschen Bauindustrie als geeignet angesehen, auf eine fristgemäße Zahlung hinzuwirken. Die Bauindustrie habe ausdrücklich eine Regelung begrüßt, nach der nur ein mit wesentlichen Mängeln behaftetes Werk nicht erfüllungstauglich ist. Zur Vermeidung neuer Auslegungsprobleme wird angeregt, § 12 Nr. 3 VOB/B zu übernehmen. Gleichwohl positiv beurteilt wird die Einführung einer Schadenspauschale, wenn der Vertrag nach § 643 BGB als aufgehoben gilt[19].

Zum Entwurf eines Gesetzes zur Beschleunigung fälliger Zahlungen im übrigen:

Ein Anspruch auf Abschlagszahlungen wird nachhaltig befürwortet, sollte jedoch nach den Vorstellungen des Hauptverbandes in Anlehnung an § 16 Nr. 1 VOB/B geregelt sein. Aufgrund der Bedeutung der Abnahme und eines etwaigen damit verbundenen Rechtsverlustes sollte der Auftraggeber auf die Abnahmewirkung hingewiesen werden. Die Rechtsprechung habe bisher einen Einbehalt von bis zum Dreifachen als ausreichend angesehen; die Fassung

---

[18] Stellungnahme des Hauptverbandes der Deutschen Bauindustrie, S. 1.
[19] Kurzstellungnahme des Hauptverbandes der Deutschen Bauindustrie.

II. Entwicklungen zum Gesetz

des Entwurfs (mindestens des Dreifachen) ließe erwarten, daß dem Auftragnehmer in unangemessenen Umfang Zahlungen vorenthalten werden[20].

Die Entwurfsfassung von § 641 Absatz 3 BGB bedürfe einer Klarstellung, um eine Fälligkeit bei Bezahlung von Dritten rechtfertigen zu können. Eine Fertigstellungsbescheinigung als Grundlage für einen Urkundenprozeß sei grundsätzlich geeignet, zeitnah zu einem vollstreckbaren Titel zu gelangen[21].

Es bedürfe jedoch der Schaffung von Regelungen, die eine zügige Ausstellung dieser Fertigstellungsbescheinigung garantieren. Die Erweiterung von § 648a BGB auf Nebenforderungen wurde vom Hauptverband begrüßt[22].

Zu den übrigen Bestimmungen im Entwurf eines Bauvertragsgesetzes:
Eine gesetzliche Regelung zur Teilabnahme wurde gleichfalls befürwortet. Positiv beurteilt wird eine Regelung, nach der Mängel der Rechnung nur ein zeitlich befristetes Leistungsverweigerungrecht des Auftraggebers begründen. Von seiten des Hauptverbandes wird auch eine Beweiserleichterung für den Vergütungsanspruch nach Kündigung durch den Auftraggeber gemäß § 649 Satz 2 BGB begrüßt[23].

Eine „Reaktivierung" des Gesetzes über die Sicherung von Bauforderungen wird zurückhaltend beurteilt, da das Baubuch nicht darüber Auskunft geben könne, aus welchen Gründen eine Vergütung zurückbehalten werde. Es erscheine zweifelhaft, ob Gerichte aufgrund der Komplexität vieler Sachverhalte tatsächlich eine vollstreckbare Entscheidung „nach billigem Ermessen" treffen könnten. Nach Ansicht der Bauindustrie sei insbesondere die Einrichtung spezieller Kammern und Senate Voraussetzung für eine zügige Durchführung von Bauprozessen[24].

b) Beitrag des Verbandes der Fenster- und Fassadenhersteller e.V.

Nach der unter anderem vom Verband der Fenster- und Fassadenhersteller e.V. veranlaßten „Gemeinschaftsuntersuchung zur Stärkung der mittelständigen Bauwirtschaft"[25] mußte festgestellt werden, daß ein wesentliches Mittel zur Begründung von vorläufigen Zahlungsverweigerungen (trotz werthaltiger Leistung) das Leistungsverweigerungsrecht des Bestellers gemäß § 320 BGB ist. Wenn nach der Interpretation dieser Vorschrift durch die herrschende Meinung in der Rechtsprechung und Literatur auch anerkannt werde, daß wegen Mängeln oder wegen sonstiger fehlender Restleistungen nicht der gesamte Vergütungsbetrag vom Besteller bis zur mangelfreien Gesamtleistung einbehalten werden dürfe, so zeige doch die uneinheitliche einzelfallorientierte Bewertung eine Bandbreite hinsichtlich der Höhe des Leistungsver-

---

[20] Siehe Fußn. 19.
[21] Siehe Fußn. 19.
[22] Siehe Fußn. 19.
[23] Siehe Fußn. 19.
[24] Siehe Fußn. 19.
[25] DGM, Gemeinschaftsuntersuchung S. 23 ff.

weigerungs- bzw. Zurückbehaltungsrechts zwischen dem einfachen Betrag der für die Mängelbeseitigung bzw. Restleistung erforderlichen Kosten[26] bis hin zum 26,6-fachen dieses Betrages[27].

Nach allgemeiner Meinung in Rechtsprechung und Literatur ist der Bauhandwerker bis zur Abnahme beweispflichtig dafür, daß eine Leistung vollständig und frei von Mängeln ist[28]. Ein Beweis des Fehlens eines Mangels wird dem Bauhandwerker bei einem entsprechend taktierenden Besteller regelmäßig erst im Rechtsstreit gelingen, feststehen wird die Tatsache der Beweisführung erst dann, wenn ein Rechtsstreit in der Hauptsache rechtskräftig beendet ist[29].

Diese Ausgestaltung des Leistungsverweigerungsrechts durch die Rechtsprechung führe – so die Gemeinschaftsuntersuchung – im Ergebnis dazu, daß es der Besteller in der Hand habe, ein Vielfaches der Kosten bis zur rechtskräftigen Verurteilung zur Zahlung einzubehalten; dies gegebenenfalls zu langfristig[30].

Auch unter Anerkennung des hohen Gerechtigkeitsgehaltes des Leistungsverweigerungsrechts als Mittel des Bestellers, den Bauhandwerker zur mangelfreien Leistungserbringung zu zwingen, soll es im Interesse der Erhaltung der Überlebensfähigkeit des Bauhandwerkes geboten sein, die Mißbrauchsmöglichkeiten durch den Besteller einzuschränken[31].

Unter Berücksichtigung der Tatsache, daß sich das Sicherungsbedürfnis des Bestellers ausschließlich auf die Beseitigung der Mängel und damit einen Einbehalt in Höhe der Kosten der Mängelbeseitigung richten wird, erscheint eine Beschränkung der Leistungsverweigerungsrechte des Bestellers gegenüber dem Bauhandwerker auf das Doppelte dieses Betrages als eine Lösung, die einen angemessenen Interessenausgleich auch unter Berücksichtigung des „Druckzuschlages" zugunsten des Bestellers gewährleistet[32].

Vor diesem Hintergrund hat der Verband der Fenster- und Fassadenhersteller e.V. den Entwurf eines neu zu schaffenden § 648b BGB entwickelt. Der Gesetzesentwurf sah folgende Regelungen vor[33]:

---

[26] BGH BauR 1996, 123.
[27] OLG Hamburg MDR 1970, 243.
[28] *Ganten/Jagenburg/Motzke,* vor § 13 VOB/B, Rn. 160 ff. (164 f.).
[29] DGM, Gemeinschaftsuntersuchung S. 38.
[30] DGM, Gemeinschaftsuntersuchung S. 39
[31] Siehe Fußn. 30.
[32] Siehe Fußn. 30.
[33] DGM, Gemeinschaftsuntersuchung S. 35.

II. Entwicklungen zum Gesetz

§ 648b BGB
in der Fassung des Verbandes der Fenster- und Fassadenhersteller e.V.

(1) Der Besteller eines Bauwerkes, einer Außenanlage oder eines Teils davon kann die Zahlung der Vergütung bei mangelhafter oder vertragswidriger Leistung des Unternehmers bis zum Zweifachen des Betrages verweigern, der dem Gegenwert der noch nicht erfüllten Werkleistungsverpflichtung des Unternehmers im Zeitpunkt der Ausübung des Leistungsverweigerungsrechtes entspricht. §§ 320, 273 BGB gelten insoweit nicht.

(2) Der Unternehmer kann die Ausübung der Rechte des Bestellers gemäß Abs. 1 durch Sicherheitsleistung abwenden. Die Sicherheit hat der Höhe des zurückbehaltungsgegenständlichen Betrages im Sinne des Abs. 1 dieser Bestimmung zu entsprechen. Die Sicherheit kann auch durch eine Garantie oder ein sonstiges Zahlungsversprechen eines im Geltungsbereich dieses Gesetzes zum Geschäftsbetrieb befugten Kreditinstituts oder Kreditversicherers geleistet werden. Das Kreditinstitut oder der Kreditversicherer darf Zahlungen an den Besteller nur dann leisten, wenn der Unternehmer den entsprechenden Zahlungsanspruch des Bestellers anerkennt oder durch zumindest vorläufig vollstreckbares Urteil zur Zahlung der Vergütung verurteilt worden ist und die Voraussetzungen vorliegen, unter denen die Zwangsvollstreckung begonnen werden darf.

(3) Der Besteller hat dem Unternehmer die üblichen Kosten einer Sicherheitsleistung gemäß Abs. 2 bis zu einem Höchstsatz von 2 v.H. für das Jahr zu erstatten. Dies gilt nicht, soweit die Sicherheit wegen begründeter Einwendungen des Bestellers gegen den entsprechenden Zahlungsanspruch des Unternehmers aufrecht erhalten werden muß.

(4) Zahlt der Besteller nach Vorlage der Sicherheit gemäß Abs. 2 nicht innerhalb angemessener Frist den zurückbehaltenen Betrag aus, so kann der Unternehmer dem Besteller eine angemessene Nachfrist zur Auszahlung des zurückbehaltenen Betrages setzen. Zahlt der Besteller auch innerhalb dieser Nachfrist den zurückbehaltenen Betrag nicht aus, ist er nicht mehr berechtigt, ein Recht im Sinne des Abs. 1 dieser Bestimmung auszuüben; der Besteller hat in diesem Fall eine ihm gegebenenfalls nach Abs. 2 dieser Bestimmung bereits zugeleitete Sicherheit an den Unternehmer herauszugeben.

(5) Die Vorschriften der Absätze 1 bis 4 finden keine Anwendung, wenn der Besteller eine natürliche Person ist und die Bauarbeiten zur Herstellung oder Instandsetzung eines Einfamilienhauses mit oder ohne Einliegerwohnung ausführen läßt; dies gilt nicht bei Betreuung des Bauvorhabens durch einen zur Verfügung über die Finanzierungsmittel des Bestellers ermächtigten Baubetreuer.

(6) Eine von den Vorschriften der Absätze 1 bis 5 abweichende Vereinbarung ist unwirksam

Wie festzustellen ist, wurde diese Regelung nicht in das vorliegende Gesetz übernommen. Im Gegenteil, nach dem neuen Gesetz wurde das Zurückbehaltungsrecht gestärkt, der Auftraggeber kann einen Betrag mindestens in Höhe des Dreifachen der für die Mangelbeseitigung erforderlichen Kosten einbehalten. Insofern ist der Ansatz aus Sicht des Verbandes der Fenster- und Fassadenhersteller e.V. verfehlt. Auch die neue Möglichkeit zur Einschaltung eines Gutachters, der ein Werk abnehmen kann, wird das Verfahren – aus Sicht des Verbandes der Fenster- und Fassadenhersteller e.V. – eher verlängern und die Kosten zur Durchsetzung von Forderungen erhöhen.

III. Skizze der Debattenbeiträge im Deutschen Bundestag

Von Stetten (CDU/CSU-Fraktion) wies im Rahmen der Debatte im Deutschen Bundestag zum Gesetz am 24.2.2000 darauf hin, daß die generelle Verzugszinsfestsetzung auf Fünfprozentpunkte über dem Basiszinssatz nicht nur für die Bauhandwerker, sondern auch für alle anderen Gewerbetreibenden einen Fortschritt darstelle[34]. *Wilhelm* (Bündnis 90/Die Grünen) wies ergänzend darauf hin, daß die Anhebung des Verzugszinses das Aus für die Inanspruchnahme billiger „Justizkredite" bedeute[35]. Nach Auffassung von *Türk* (FDP) sei es richtig, den Mindestverzugszins anzuheben und so die Hemmschwelle für verspätetes Zahlungsverhalten zu erhöhen, weil dies den Anreiz für die Inanspruchnahme des Justizkredites ein stückweit zurücknehme[36]. Auch *Manzewski* (SPD) wies darauf hin, daß die Verzögerung der Begleichung berechtigter Forderungen wirtschaftlich unattraktiv gemacht werden müsse. Niemand solle mehr statt des teuren Bankkredites lieber den billigen Gläubigerkredit in Anspruch nehmen können. Eine deutliche Anhebung des Verzugszinssatzes lasse erwarten, daß er sich dauerhaft mit dem tatsächlich entstandenen Verzugsschaden decke[37].

Nach Auffassung von *Pick* gehören künftig Abschlagszahlungen zum gesetzlichen Leitbild des Werkvertrages[38].

Wilhelm (Bündnis90/Die Grünen) machte im Rahmen der Debatte am 24.2.2000 darauf aufmerksam, daß durch den neuen gesetzlichen Anspruch auf Abschlagszahlungen der Unternehmer in die Lage versetzt werde, Vor- und Teilleistungen zu erbringen, ohne aufwendige Vorfinanzierungen tätigen zu müssen, wenn er dem Verbraucher Eigentum oder Sicherheit an den Sachen verschafft[39]. Die Möglichkeit für den Handwerker, bei vertragsgemäßer Leistung für in sich abgeschlossene Teile eines Werkes Abschlagszahlungen verlangen zu können, gebe – so *Manzewski* (SPD) – dem Unternehmer die Möglichkeit, größere Liquiditätsengpässe zu vermeiden und auf diese Weise keine großen Forderungsausfälle entstehen zu lassen[40].

Nach Ansicht *von Stettens* (CDU/CSU) wird insofern „dem beliebten Spiel", Zahlungen durch Mängeleinrede zu verzögern – zumindest teil-

---

[34] Stenografischer Bericht zur 90. Sitzung des Deutschen Bundestages vom 24.2.2000, 8350.
[35] A.a.O. S. 8351.
[36] A.a.O. S. 8352.
[37] A.a.O. S. 8359.
[38] A.a.O. S. 8348.
[39] A.a.O. S. 8351.
[40] A.a.O. S. 8359.

weise – durch die Veränderungen des § 640 BGB Einhalt geboten[41]. *Luther* (CDU/CSU) wies darauf hin, daß die in den Entwürfen eingestellten Begriffe der „Geringfügigkeit" und später der „Unwesentlichkeit" völlig neue Rechtsbegriffe darstellen, bei denen erst die Rechtsprechung klären muß, was diese Begriffe eigentlich bedeuten[42].

Pick wies in der Debatte am 24.2.2000 darauf hin, daß von dem über die Fertigstellungsbescheinigung nach § 641a BGB des neuen Gesetzes eröffneten „Weg in den schnellen Urkundsprozeß" sowohl der Unternehmer als auch der Besteller Vorteile haben. Der Unternehmer wisse, daß er seinen Titel schnell bekomme, wenn er die vom Sachverständigen eventuell festgestellten Mängel beseitigt und auch für den Besteller wirke es sich positiv aus, daß der Unternehmer einen Anreiz habe, festgestellte Mängel tatsächlich zu beseitigen[43].

Nach der Ansicht von *Wilhelm* (Bündnis 90/Die Grünen) erspare die Fertigstellungsbescheinigung beiden Parteien eventuell ein gerichtliches Verfahren – zumindest beschleunige sie ein solches –, weil sie frühzeitig Klarheit über bestehende oder nicht bestehende Mängel bringe und animiere den Werkunternehmer, Mängel gegebenenfalls schnell zu beseitigen[44].

Nach Auffassung von *Türk* (FDP) ist bei der Fertigstellungsbescheinigung zu beachten, daß die Gutachtersuche und die Gutachtenerstellung nicht wieder unzumutbare Verzögerungen hervorrufen[45].

Nach Ansicht von *Kutzmutz* (PDS) stellt das nun einzuführende Bescheinigungsverfahren bei Streit um Mängel oder Fertigstellung eines Werkes bestenfalls ein Arbeitsbeschaffungsprogramm für Gutachter, aber kein wirksames Instrument zur Beschleunigung fälliger Zahlungen dar[46].

Auch *Luther* (CDU/CSU) äußerte sich eher kritisch zur Thematik der Fertigstellungsbescheinigung. Er wies darauf hin, daß die Fertigstellungsbescheinigung nur erteilt werden soll, wenn es überhaupt keinen Mangel gibt. Damit werde es nach seiner Auffassung auch keine Fertigstellungsbescheinigung geben; denn einen mangelfreien Bau – das zeige die Praxis – gebe es leider nicht[47].

---

[41] A.a.O. S. 8350.
[42] A.a.O. S. 8356.
[43] A.a.O. S. 8348.
[44] A.a.O. S. 8351.
[45] A.a.O. S. 8353.
[46] A.a.O. S. 8353.
[47] A.a.O. S. 8356.

Kapitel B. Die Regelungen im Einzelnen

Das Gesetz zur Beschleunigung fälliger Zahlungen vom 30.3.2000 greift als sogenanntes Artikelgesetz durch Änderungsformulierungen in bestehende Bestimmungen zunächst des BGB ein; teilweise werden gänzlich neue Bestimmungen in das Werkvertragsrecht eingefügt (§ 632a, § 641a BGB).

Die Änderungen sonstiger Vorschriften beziehen sich auf den 5. Teil des Einführungsgesetzes zum BGB, in den als ergänzende Überleitungsvorschrift Artikel 229 eingefügt wird, mit dem Fragen der Anwendung der neuen gesetzlichen Regelungen auf vor dem Zeitpunkt des Inkrafttretens (1.5.2000) entstandene Forderungen bzw. abgeschlossene Verträge geregelt werden.

Hinsichtlich der Neueinfügung des § 27a in das AGB-Gesetz handelt es sich um eine Ermächtigungsnorm für das Bundesministerium der Justiz zum Erlaß einer Rechtsverordnung, auf deren Hintergründe im Rahmen der Besprechung des neuen § 27a des AGB-Gesetzes eingegangen wird.

Die Änderungen in der Zivilprozeßordnung bestehen in Ergänzungen der §§ 301 Absatz 1 und 302 Absatz 1 ZPO, deren Auswirkungen der Vollständigkeit halber mitbesprochen werden, jedoch vor dem Hintergrund des vor allen Dingen für die Praxisverwendung gedachten vorliegenden Leitfadens nicht vertieft diskutiert werden.

Soweit nachfolgend gesetzliche Bestimmungen wiedergegeben werden, werden die Änderungen aus dem Gesetz zur Beschleunigung fälliger Zahlungen vom 30.3.2000 in den Systemzusammenhang der geänderten Bestimmung gestellt, dementsprechend wird die Textfassung der BGB-Bestimmung vollständig wiedergegeben, der eigentlich geänderte Textteil jedoch durch Fettdruck kenntlich gemacht.

I. § 284 BGB Verzug des Schuldners

(1) Leistet der Schuldner auf eine Mahnung des Gläubigers nicht, die nach dem Eintritt der Fälligkeit erfolgt, so kommt er durch die Mahnung in Verzug. Der Mahnung steht die Erhebung der Klage auf die Leistung sowie die Zustellung eines Mahnbescheids im Mahnverfahren gleich.

(2) Ist für die Leistung eine Zeit nach dem Kalender bestimmt, so kommt der Schuldner ohne Mahnung in Verzug, wenn er nicht zu der bestimmten Zeit leistet. Das gleiche gilt, wenn der Leistung eine Kündigung vorauszugehen hat und die Zeit für die Leistung in der Weise bestimmt ist, daß sie sich von der Kündigung ab nach dem Kalender berechnen läßt.

(3) Abweichend von den Absätzen 1 und 2 kommt der Schuldner einer Geldforderung 30 Tage nach Fälligkeit und Zugang einer Rechnung oder einer gleichwertigen Zahlungsaufforderung in Verzug. Bei Schuldverhältnissen, die wiederkehrende Geldleistungen zum Gegenstand haben, bleibt Abs. 2 unberührt.

1. Allgemeines

Die Gesetzesänderung zeigt sich in der Einfügung des 3. Absatzes zu § 284 BGB.

In der bis zum 30.4.2000 geltenden Fassung forderte § 284 BGB für den Schuldnerverzug alternativ zwei objektive Voraussetzungen, nämlich entweder nach Absatz 1 eine Mahnung nach Eintritt der Fälligkeit oder aber den Verzugseintritt gemäß Absatz 2 über die kalendermäßige Festlegung der Leistungszeit.

Neben diesen beiden Varianten steht seit dem 1.5.2000 die Fassung der Formulierung zu Absatz 3 des § 284 BGB, dessen Wortlaut nahelegt, daß es sich hier nicht um eine zusätzliche Alternative des Verzugseintritts über den Rechnungsversand handelt, wenn die Eingangsformulierung zu § 284 Absatz 3 n.F. BGB „abweichend von Absätzen 1 und 2" abgefasst ist.

Die Erläuterungen zum Inhalt der Beschlußempfehlung[1] ergeben keinen eindeutigen Hinweis, wie das Konkurrenzverhältnis zwischen Absatz 3 der Neuregelung und den beiden Vorabsätzen der Bestimmung nach dem gesetz-

---
[1] Beschlußempfehlung und Bericht des Rechtsausschusses im Deutschen Bundestag; Bundestagsdrucksache 14/2752 V. Ziff. 2, zu Artikel 1, Nr. 1 (§ 284 Absatz 3).

I. § 284 BGB Verzug des Schuldners   B

geberischen Willen zu sehen ist. Bereits in der Vergangenheit galt gemäß § 641 Absatz 2 BGB, daß eine in Geld festgesetzte Vergütung von der Abnahme des Werkes an zu verzinsen war, wobei der Zinssatz nach § 246 BGB allerdings lediglich 4 % bzw. nach § 352 HGB 5 % betrug. Soweit die Geltung der Regularien der VOB Teil B zum Vertrag vereinbart war, galt bisher, daß die Bestimmung des § 641 Absatz 2 BGB nicht zum Zuge kam, weil die Bestimmung des § 16 Nr. 5 Absatz 3 VOB/B insoweit als abschließende Regelung angesehen wurde und die Verzinsung von Bauforderungen dann vorrangig und speziell regelte[2].

Von welchem rechtlichen Ausgangspunkt auch immer galt jedenfalls bis zum Inkrafttreten der neu gefaßten Bestimmung, daß der Gläubiger einer Geldforderung einen höheren als den gesetzlich festgelegten Zinssatz nur dann begehren konnte, wenn er zuvor die Verzugsvoraussetzungen geschaffen hatte; nach der bisherigen Rechtslage erforderte dies regelmäßig eine Mahnung an den Schuldner.

Der neu gefaßte Absatz 3 zu § 284 BGB soll den Gläubiger insofern begünstigen, als das Erfordernis einer Mahnung nicht mehr zwingende Verzugsvoraussetzung ist. Die Neufassung lehnt sich im übrigen an den Vorschlag der Europäischen Kommission für eine Richtlinie zur Bekämpfung des Zahlungsverzugs im Handelsverkehr an[3].

Wenngleich diese Richtlinie die Bekämpfung des Zahlungsverzugs im Handelsverkehr insgesamt im Blick hat, knüpft auch der Europäische Regelungsvorschlag die Zinszahlungsverpflichtung allein an den Ablauf einer nach Tagen bemessenen Frist, gerechnet vom Zeitpunkt des Eingangs einer Rechnung oder einer gleichwertigen Zahlungsaufforderung beim Schuldner[4].

Bereits vor und in engem zeitlichen Zusammenhang mit dem Inkrafttreten des Gesetzes zur Beschleunigung fälliger Zahlungen zum 1.5.2000 hat sich insbesondere in der Fachliteratur eine Diskussion darüber entzündet, ob für Geldforderungen die Neuregelung des § 284 Absatz 3 BGB eine abschließende Regelung darstellt, mit der Konsequenz, daß für Geldforderungen ausschließlich § 284 Absatz 3 BGB gilt, also insoweit Verzug weder durch kalendermäßige Bestimmung noch durch Mahnung begründet werden kann.

Diese Auffassung vertritt beispielsweise *Kniffka,* wenn er darlegt, daß der Unternehmer entgegen der Absicht des Gesetzes nunmehr sogar schlechter gestellt werde als durch die bis zum Inkrafttreten geltende Rechtslage[5]. Für diese Auffassung spricht, daß bereits im ersten Satz der Neuregelung des Ab-

---

[2] *Ingenstau/Korbion,* § 16 Nr. 5 VOB/B Rn. 302 m.w.N.; BGH NJW 1984, 1460.
[3] Vorschlag der Europäischen Kommission für eine Richtlinie zur Bekämpfung des Zahlungsverzugs im Handelsverkehr, Fassung gemäß Stellungnahme der Kommission vom 8.3.2000, abgedruckt im Anhang, Nr. V.
[4] Artikel 3 des Vorschlags zur Europäischen Richtlinie, a.a.O.
[5] Vgl. *Kniffka,* ZfBR 2000, 227 (228 li.Sp.); im Ergebnis auch *Risse,* BB 2000, 1050 ff.

satzes 3 zu § 284 BGB von den Bestimmungen der Absätze 1 und 2 des § 284 BGB abgewichen werden soll und lediglich im folgenden Satz für Schuldverhältnisse bei wiederkehrenden Geldleistungen klargestellt wird, daß Absatz 2 des § 284 BGB unberührt bleibt. Damit wird der Eindruck vertieft, daß Absatz 3 jedenfalls für Geldforderungen die Mahnung als Verzugsvoraussetzung nach § 284 BGB endgültig beseitigen will[6].

Diese Sichtweise steht auch im Einklang mit dem Inhalt der Beschlußempfehlung des Rechtsausschusses[7]. Der Rechtsausschuß hatte dem Bundestag zur Begründung der Beschlußempfehlung dargelegt, daß der Vorschlag der Europäischen Kommission für eine Richtlinie zur Bekämpfung des Zahlungsverzugs im Handelsverkehr durch die nun erfolgte Veränderung des § 284 Absatz 3 BGB aufgegriffen werde. Die Formulierung der Beschlußempfehlung stellt klar, daß nach § 284 Absatz 3 BGB in der seit dem 1.5.2000 geltenden Fassung künftig bei Geldforderungen die Mahnung für den Verzugseintritt nicht nötig sei, sondern dieser vielmehr nach Ablauf von 30 Tagen seit Zugang einer Rechnung kraft Gesetzes eintritt[8].

Die Formulierung der Beschlußempfehlung läßt weiter deutlich werden, daß die Parteien abweichend von der Regelung des § 284 Absatz 3 BGB zukünftig im Wege vertraglicher Vereinbarung vorsehen können, daß der Verzug vor Ablauf der 30-Tagesfrist auch als Folge einer Mahnung eintreten könne; im Umkehrschluß folgt hieraus, daß auch nach der Motivation des Gesetzgebers dieser für Geldforderungen nunmehr bewußt den Verzugseintritt unabhängig von einem „Mahnsachverhalt" regeln wollte. Daraus folgt, daß trotz der Überschrift über der gesetzgeberischen Aktivität „Beschleunigung fälliger Zahlungen" in Einzelfällen die jetzt vorgesehene Regelung später zum Verzug führt, als dies bisher bei einer Abwicklung über eine Rechnung mit anschließender Mahnung möglich war[9]. Beispielhaft sei hier der Fall genannt, daß die Parteien für Abschlagsrechnungen unter Einbeziehung der VOB/B nach § 16 Nr. 1 VOB/B eine Fälligkeitsfrist von 18 Werktagen vereinbaren, nach deren Ablauf bereits gemahnt werden kann, mithin der Verzugseintritt durchaus vor Ablauf von 30 Kalendertagen bewirkbar wäre.

Als Fazit zum Verhältnis des § 284 Absatz 3 BGB zu den beiden Absätzen des § 284 Absatz 1 und Absatz 2 BGB bleibt festzustellen, daß § 284 Absatz 3 BGB für Geldforderungen eine Spezialregelung darstellt, die die Anwendung der Absätze 1 und 2 – soweit nicht ausdrücklich in § 284 Absatz 3 BGB zugelassen oder vertraglich abweichend geregelt – ausschließt.

---

[6] Vgl. mit vertiefter und verdeutlichender Argumentation *Medicus*, DNotZ 2000, 256 ff. m.w.N.; *Brambring*, DNotZ 2000, 245 ff.; *Hertel*, ZNotP 2000, 130 (131) m.w.N.
[7] Deutscher Bundestag, 14. Wahlperiode, Drucksache 14/2752, S. 15 ff.
[8] Deutscher Bundestag, a.a.O.
[9] Anders *Pick*, ZfIR 2000, 333 ff., der von einer „Vereinfachung für die Praxis" spricht (!).

I. § 284 BGB Verzug des Schuldners   B

2. Voraussetzungen des Verzuges

Um nach der Neuregelung in § 284 Absatz 3 BGB den Verzug zu bewirken, müssen nunmehr vollständig neu geschaffene Voraussetzungen für alle Geldschulden beachtet werden.

Bisher setzte der Verzug bekanntlich voraus, daß die Leistung grundsätzlich noch möglich ist, der Anspruch darüber hinaus voll wirksam, fällig und einredefrei entstanden, eine Mahnung nach Fälligkeitseintritt erfolgt ist und schließlich der Schuldner dennoch schuldhaft nicht leistete[10].

Von diesen allgemeinen Voraussetzungen war bereits in der Vergangenheit die Mahnung bei kalendermäßig bestimmten Leistungszeitpunkten entbehrlich, wie dies § 284 Absatz 2 BGB klarstellt:

Für den Bereich der Geldschulden galt schließlich bereits in der Vergangenheit ergänzend der Rechtssatz, daß der Schuldner für seine finanzielle Leistungsfähigkeit stets einzustehen habe[11]; die eher akademische Frage, ob dieser Rechtssatz aus § 279 BGB[12] oder aber als der Rechts- und Wirtschaftsordnung immanenter allgemeiner Rechtsgrundsatz Geltung beansprucht[13], kann dabei dahingestellt bleiben.

Letztendlich galt in der Vergangenheit jedenfalls, daß Verzugsvoraussetzung für Geldschulden neben der Fälligkeit entweder die Mahnung oder der kalendermäßig bestimmte Leistungszeitpunkt war.

Mit der Neuregelung der Verzugsvoraussetzungen ist zugleich ein Abschied von diesen tradierten Regelungen zur Bewirkung der Verzugstatbestände verbunden.

So soll nunmehr für Geldschulden nach § 284 Absatz 3 Satz 1 BGB ausschließlich die Fälligkeit des einredefreien und vollwirksamen Anspruchs und darüber hinaus der Zugang einer Rechnung oder dieser gleichwertigen Zahlungsaufforderung Verzugsvoraussetzung sein; diese wird dann ergänzt um das Erfordernis des Ablaufs einer 30-Tagesfrist nach Fälligkeit und Rechnungszugang. Für die Bauvertragspraxis sei dabei klargestellt, daß es sich hierbei nicht um Werktage, wie sie beispielsweise in § 16 Nr. 1 VOB/B zur Fristberechnung herangezogen werden, handelt, sondern vielmehr um Kalendertage, wie es der gesetzgeberischen Praxis in den §§ 186 ff. BGB entspricht.

Während die erste Voraussetzung, die Fälligkeit des einredefreien und vollwirksamen Anspruchs keine Neuerung auf dem Weg zur Begründung des Verzuges im Verhältnis zur bisherigen Regelung bringt, ist die zweite Voraussetzung ein Novum für den werkvertraglichen Bereich.

Bisher galt nach § 641 Absatz 1 BGB, daß die Vergütung bei der Abnahme des Werkes zu entrichten ist, mithin die Fälligkeit – sofern nicht zusätzliche

---

[10] Vgl. §§ 284 Absatz 1 BGB i.V.m. § 285 BGB.
[11] BGH NJW 1989, 1278.
[12] *Hertel*, ZNotP 2000, 130, (131 li.Sp.).
[13] So beispielsweise *Palandt-Heinrich*, § 279 Rn. 4 m.z.w.N.

Vereinbarungen ergänzende Voraussetzungen definierten – gerade nicht abhängig von der Vorlage einer Rechnung war[14]. Nunmehr entsteht die Situation, daß für die Abwicklung eines Werkvertrages allein nach den BGB-Bestimmungen zwar Fälligkeitszinsen nach § 641 Absatz 2 BGB unmittelbar mit dem Zeitpunkt der Abnahme zu zahlen sind, Verzugszinsen nach § 284 Absatz 3 i.V.m. § 288 BGB unabhängig von vertraglichen Vereinbarungen jedenfalls aber den Zugang einer Rechnung oder einer dieser gleichwertigen Zahlungsaufforderung voraussetzen.

Während noch relative Einigkeit darüber bestehen dürfte, was unter dem Zugang einer Rechnung zu verstehen ist, ist den Empfehlungen des Rechtsausschusses zur Beschlußvorlage nicht zu entnehmen, was denn nun unter einer „gleichwertigen Zahlungsaufforderung" im Sinne der gesetzlichen Bestimmung zu verstehen ist.

In Betracht kommt, eine Mahnung bei Geldschulden künftig als „einer Rechnung gleichwertige Zahlungsaufforderung" zu betrachten"[15], wobei jedoch übersehen wird, daß die Mahnung in aller Regel keinen Umsatzsteuerausweis enthält, mithin nicht als einer Rechnung gleichwertig angesehen werden kann, soweit es um die Frage der Berechtigung zum Vorsteuerabzug bzw. der Berücksichtigung der ausgewiesenen Umsatzsteuer im Rahmen eines Vorsteuerabzuges geht.

Nach der hier vertretenen Auffassung gibt es für den bauvertraglichen Anwendungsbereich letztlich keine einer Rechnung gleichwertige Zahlungsaufforderung.

Daraus folgt, daß der Verzug für Vergütungsforderungen aus Bauwerkverträgen nur dann herbeigeführt werden kann, wenn tatsächlich eine Rechnung im Sinne des § 284 Absatz 3 BGB gestellt wird.

Welche inhaltlichen Anforderungen an diese Rechnungslegung zu stellen sind, ist der Gesetzesbegründung nicht eindeutig zu entnehmen. Es heißt dort lediglich, daß aus einer Rechnung für jedweden Vertragspartner hinreichend deutlich zu entnehmen sein müsse, was geleistet worden sei[16].

Für den Anwendungsbereich auf Bauwerkverträge wird eine Rechnung den Zweck erfüllen müssen, daß sie die Überprüfung des geltend gemachten Forderungsbetrages durch nachvollziehbare Darstellung der einzelnen Abrechnungspositionen, Massenangaben und Preise ermöglicht. Dabei können die von der Rechtsprechung für Werkverträge entsprechend § 14 VOB/B entwickelten Kriterien insoweit analog angewendet werden[17]. Auch für BGB-Werkverträge wurde bereits in der Vergangenheit argumentiert, daß die zu § 14 VOB/B entwickelten Kriterien auf das BGB-Werkvertragsrecht übertragbar seien[18].

---

[14] *Palandt-Sprau*, § 641 Rn. 2.
[15] Z.B. *Hertel*, ZNotP, 2000, 130 (131).
[16] Rechtsausschuß Bundestagsdrucksache 14/2752, S. 16.
[17] Vgl. Wortlaut des § 14 VOB/B.
[18] *Werner/Pastor*, Rn. 1394; BGH NJW-RR 1990, 1170.

I. § 284 BGB Verzug des Schuldners

Für die baupraktische Anwendung stellt sich dann weiter die Frage, zu welchem Zeitpunkt die Rechnung zugegangen sein muß, um die Verzugsvoraussetzungen zu begründen; hier ist klärungsbedürftig, ob die möglicherweise vor Durchführung einer Abnahme bereits versandte Rechnung dennoch verzugsbegründend wirken kann. Nach dem Wortlaut des § 284 Absatz 3 Satz 1 BGB gilt, daß die 30-tägige Frist nach Fälligkeit und Zugang einer Rechnung oder einer gleichwertigen Zahlungsaufforderung zu laufen beginnt. Begreift man die Aufzählung als Hinweis auf die zeitliche Reihenfolge, so könnte argumentiert werden, daß die Rechnung erst nach Fälligkeitseintritt oder zumindest allenfalls zeitgleich mit dem Bewirken der Fälligkeit übermittelt werden darf.

Aus der Erläuterung des Rechtsausschusses zum Inhalt der Beschlußempfehlung[19] folgt dagegen, daß bei dem Absetzen der Empfehlung davon ausgegangen wurde, daß die Zinszahlungspflicht ohne Mahnung nach Ablauf von 30 Tagen nach dem Eingang einer Rechnung oder gleichwertigen Zahlungsaufforderung bzw. nach dem Empfang der Güter oder Dienstleistung entstehe, wenn die Rechnung vorher zugehe; nutzt man diese Erläuterung zur Auslegung des Gesetzestextes, so folgt daraus, daß es ausreicht, wenn die Rechnung dem Schuldner bereits vor der Fälligkeit der Forderung oder zusammen mit dem Eintritt des Fälligkeitstermins zugeht;[20] der Fristbeginn erfordert kumulativ jedoch das Vorliegen der Fälligkeitsvoraussetzungen im übrigen.

Die Verpflichtung, den Zugang der Rechnung im Streitfall zu beweisen, trifft bereits nach allgemeinen Grundsätzen den Gläubiger der Forderung, d.h. in aller Regel den Rechnungsversender, wie dies auch durch den Text der Beschlußempfehlung des Rechtsausschusses deutlich gemacht wird[21].

3. Beendigung des Verzuges

Der Verzug endet, wie auch bereits bisher, wenn eine seiner Voraussetzungen entfällt, wobei der Regelfall hier die nachträgliche Erbringung der Leistung, also beispielsweise die Geldzahlung nach Verzugseintritt, ist. Daneben kommen als Gründe für die Beendigung des Verzuges die Stundung, d.h. also eine Absprache über beispielsweise eine spätere Zahlung der in Rede stehenden Geldforderung, oder aber eine Ratenzahlungsvereinbarung in Betracht und der in der Praxis gar nicht so seltene Fall der Anspruchsverjährung als Folge von Zeitablauf, beispielsweise im Anwendungsbereich der zweijährigen Verjährungsfrist für Forderungen von Handwerkern gemäß § 196 Absatz 1 Nr. 1 BGB.[22]

---

[19] Rechtsausschuß Bundestagsdrucksache 14/2752, S. 16.
[20] Rechtsausschuß, a.a.O.; *Fabis*, ZiP 2000, 865 (868 ff.) m.w.N.
[21] Rechtsausschuß Bundestagsdrucksache 14/2572, S. 16.
[22] BGHZ 104, 6 (11) = NJW 1988, 1778 (1779).

Im bauwerkvertraglichen Bereich kommt weiter die Verzugsbeendigung durch Ausübung eines Zurückbehaltungsrechts beispielsweise nach dem neuen Absatz 3 des § 641 BGB in Betracht, wenn der Auftraggeber dieses Recht durch Erklärung ausübt. Daneben werden in der Zukunft Fälle denkbar sein, bei denen der anspruchstellende Werkunternehmer seine Rechnung zurücknimmt und beispielsweise durch eine neue Rechnung ersetzt, weil er etwa noch Nachtragsforderungen bzw. ergänzend berechnete Forderungen nachzuschieben wünscht.

4. Abdingbarkeit durch vertragliche Vereinbarungen

Bereits die Empfehlung des Rechtsausschusses zur Beschlußfassung stellt klar, daß die Regelung des § 284 Absatz 3 BGB dispositiv ist, d.h. jederzeit durch vertragliche Vereinbarungen abbedungen werden kann.

Mit der Auffassung des Rechtsausschusses werden abweichende Vereinbarungen in Individualverträgen auch tatsächlich unproblematisch sein; so wird man dort beispielsweise zukünftig vorsehen können, daß der Schuldner auch bereits vor Ablauf der 30-Tagesfrist als Folge einer Mahnung nach Fälligkeitseintritt in Verzug gerät und beispielsweise § 284 Absatz 1 BGB kraft gesonderter Vertragsvereinbarung anstelle der gesetzlichen Regelung in Absatz 3 der Bestimmung dennoch Geltung besitzen soll.

Allerdings hat der Rechtsausschuss in seiner Beschlußempfehlung bereits deutlich gemacht, daß die 30-Tagesfrist künftig dem Leitbild des BGB zur Begründung der Verzugsvoraussetzungen entspricht. Daraus folgt, daß abweichende Vereinbarungen zu Lasten der Schuldner, insbesondere die Verkürzung der verzugsbegründenden Ausgangsfrist – beispielsweise auch als Folge einer früher möglichen Mahnung – regelmäßig eine unangemessene Benachteiligung im Sinne von § 9 des AGB-Gesetzes darstellen werden und deshalb zur Unwirksamkeit der vorformulierten Klausel führen. Wenngleich der Rechtsausschuß vorrangig den sogenannten Verbraucher im Sinne des § 24a AGB-Gesetz im Blick hatte, wird diese Konsequenz auch für den weiten Bereich der Bauwerkverträge nach Mustern zwischen Bauunternehmen zu beachten sein.

Auch kommt in Betracht, daß die Regelungen des § 16 Nr. 1 VOB/B i.V.m. § 16 Nr. 5 Absatz 3 VOB/B, die bekanntlich mit Blick auf Abschlagszahlungen bei kurzer Nachfrist zu einem früheren Verzugseintritt führen können, nunmehr isoliert betrachtet unter dem Blickwinkel des AGB-Gesetzes der Unwirksamkeit anheimfallen. Damit aber kommt der Geltungsvereinbarung der VOB/B „als Ganzes" im Sinne von § 23 Nr. 5 AGBG in Zukunft nochmals stärkere Bedeutung zu, zumindest soweit es um die Regelung von Fälligkeits- und Verzinsungsansprüchen nach den VOB/B-Bestimmungen geht. Nur dann, wenn die VOB/B-Bestimmungen wirklich als „Ganzes" zur

Geltung vereinbart sind, wird man die dortigen Spezialregelungen, insbesondere aber § 16 Nr. 5 Absatz 3 VOB/B, auch weiterhin für uneingeschränkt wirksam erachten dürfen.

5. Inkrafttreten – Hinweise für die Praxis

Nach Artikel 2 des Gesetzes zur Beschleunigung fälliger Zahlungen vom 30.3.2000 wurde in das Einführungsgesetz zum Bürgerlichen Gesetzbuch nach Artikel 228 nunmehr die neue Bestimmung des Artikel 229 eingefügt, die sehr spezifische Regelungen für den Anwendungsbereich der Einzelbestimmungen aus dem Gesetz zur Beschleunigung fälliger Zahlungen festlegt.

So soll § 284 Absatz 3 BGB in der seit 1.5.2000 nunmehr geltenden Fassung auch für solche Geldforderungen gelten, die bereits vor dem 1.5.2000 entstanden sind. Entstanden ist eine Forderung dann, wenn sie bereits vor dem 1.5.2000 voll wirksam und nach den bis zu diesem Zeitpunkt geltenden gesetzlichen Regularien fällig zum Ausgleich war. Allerdings setzt die Anwendung des § 284 Absatz 3 BGB in jedem Fall voraus, daß die Rechnung auch für eine vollwirksam und bereits vor dem 1.5.2000 entstandene Forderung nach dem 1.5.2000 „dem Gläubiger" zugeht; sogenannte „Altrechnungen" lösen die Wirkungen des § 284 Absatz 3 BGB nicht aus.

Für die Praxis gilt zukünftig, daß der Zugangsbewirkung für die Rechnungsversendung ergänzende und gesteigerte Bedeutung zukommt; daraus resultiert das verstärkte Bedürfnis, gegebenenfalls den Zugangszeitpunkt einer Rechnung präzise darlegen und beweisen zu können.

Für die Übermittlung von Rechnungen für Geldforderungen im Bauvertragsbereich bedeutet dies, daß – als sicherste Möglichkeit – der Zugang gegen Empfangsquittung nachzuweisen ist. Ausdrücklich wird auf die neuerliche höchstrichterliche Rechtsprechung hingewiesen, wonach die Versandart über „Einschreiben/Rückschein" nur dann den Zugangsnachweis erleichtern kann, wenn der Rückschein tatsächlich zurückgesandt wird und die Rechnung nicht etwa durch die Post lediglich zur Abholung gegen Benachrichtigung bei der zuständigen Postfiliale niedergelegt wurde[23]. Klarzustellen ist, daß die Notwendigkeit des Zugangsnachweises sich nicht ausschließlich und allein auf die Rechnung an sich bezieht, sondern vielmehr auch auf die zur Nachvollziehbarkeit der Rechnung beigefügten Unterlagen; die in der Praxis durchaus geläufige Handhabung, Aufmaßblätter/Tagelohnnachweise etc. bereits vorab oder gesondert zu übermitteln, kann sich demzufolge im Einzelfall als problematisch und damit anspruchsschädlich erweisen.

---

[23] BGHZ 137, 205 = NJW 1998, 976.

II. § 288 BGB Verzugszinsen

(1) **Eine Geldschuld ist während des Verzugs für das Jahr mit fünf Prozentpunkten über dem Basiszinssatz nach § 1 des Diskontsatz-Überleitungs-Gesetzes vom 9.6.1998 (BGBl. I. S. 1242) zu verzinsen.** Kann der Gläubiger aus einem anderen Rechtsgrunde höhere Zinsen verlangen, so sind diese fortzuentrichten.

(2) Die Geltendmachung eines weiteren Schadens ist nicht ausgeschlossen.

1. Allgemeines

Die Gesetzesänderung besteht im Rahmen der Bestimmung des § 288 Satz 1 BGB in der Erhöhung des gesetzlichen Verzugszinssatzes.

Nach der bis zum 30.4.2000 geltenden Fassung des § 288 BGB war eine Geldschuld während des Verzuges mit 4 % bezogen auf das Jahr zu verzinsen. Die deutliche Anhebung des Verzugszinssatzes soll die Verzögerung von Zahlungen wirtschaftlich unattraktiv machen und zumindest den Marktbedingungen anpassen[24].

Nach wie vor handelt es sich bei der Festlegung des gesetzlichen Zinssatzes um die Definition eines Mindestschadens bei Verzug mit dem Ausgleich einer Geldschuld[25]. Die Verzinsungspflicht besteht auch nach der Neuregelung für Geldschulden jeder Art, ist damit also in ihrem Anwendungsbereich nicht auf den bauwerkvertraglichen Bereich beschränkt.

Der Begriff des Basiszinssatzes im Sinne des § 288 Absatz 1 BGB wird in § 1 des Diskontsatzüberleitungsgesetzes vom 9.6.1998[26] dahingehend definiert, daß es sich hierbei um den am 31.12.1998 geltenden Diskontsatz der Deutschen Bundesbank handelt. Nach den Festlegungen in § 1 des Diskontsatzüberleitungsgesetzes verändert sich dieser mit Beginn des 1. Januar, des 1. Mai und des 1. September jeden Jahres – erstmals ab dem 1.5.1999 – um die Prozentpunkte, um welche sich die Bezugsgröße im Sinne von § 1 Absatz 2 des Diskontsatzüberleitungsgesetzes verändert hat. Beispielhaft betrug der vorgenannte Basiszins ab dem 1.5.2000, 3,24 %, so daß sich über die Festlegung in § 288 Satz 1 BGB ein gesetzlicher Verzugszins von 8,24 % ermittelte.

---

[24] Beschlußempfehlung und Bericht des Rechtsausschusses im Deutschen Bundestag; Bundestagsdrucksache 14/2752, Einleitung unter B.
[25] BGHZ 74, 231 (234) = NJW 1979, 1494.
[26] BGBl. 1998 I., S. 1242.

II. § 288 BGB Verzugszinsen **B**

2. Veränderungen des gesetzlichen Zinssatzes – Zusammenspiel mit den VOB-Regelungen

Die Veränderung des Zinssatzes in § 288 Satz 1 BGB weicht von der Festlegung in § 16 Nr. 5 Absatz 3 VOB/B aktuell ab.

Die derzeitige VOB-Regelung knüpft in § 16 Nr. 5 Absatz 3 VOB/B an den Lombardsatz an. Der Lombardsatz wurde gemäß § 1 der Lombardsatzüberleitungsverordnung vom 18.12.1998[27] durch den Zinssatz der Spitzenrefinanzierungsfacilität der Europäischen Zentralbank – den sogenannten SRF-Satz – ersetzt. Dieser SRF-Satz betrug beispielhaft zum Mai 2000 4,75 %, woraus auf Grundlage der VOB-Bestimmungen ein Zinsanspruch in Höhe von 5,75 % ableitbar war. Als Konsequenz verbleibt für Verträge, für die die Geltung der VOB/B Ausgabe Mai 1998 vereinbart ist, daß der gesetzliche Zinssatz zumindest im Anwendungsbereich des neuen § 288 Satz 1 BGB und abweichend zur vorherigen Rechtslage oberhalb des etwa über die VOB/B-Regelungen vereinbarten vertraglichen Zinsanspruchs nach § 16 Nr. 5 VOB/B liegt.

Auf Grundlage der vom Deutschen Verdingungsausschuß am 10.12.1999 beschlossenen Änderungen der VOB/B (VOB 2000)[28] ist davon auszugehen, daß die Regelung des § 16 Nr. 5 Absatz 3 VOB/B in der Fassung 2000 einen Zinssatz von 5 Prozentpunkten über dem SRF-Satz der Europäischen Zentralbank festlegen wird. Für Verträge, für die die VOB 2000 anwendbar sein wird, folgt hieraus, daß dann wiederum der Verzugszinssatz nach § 16 Nr. 5 Absatz 3 VOB/B regelmäßig oberhalb des gesetzlichen Zinsanspruchs liegen wird; vor diesem Hintergrund wird insbesondere bei der Ermittlung zukünftiger Verzugszinsansprüche der Frage ganz erhebliche Bedeutung zukommen, welche Fassung der VOB/B für die Abwicklung des konkreten Bauvertrages vereinbart wurde. Die Anhebung des Zinsanspruchs nach § 16 Nr. 5 Absatz 3 VOB/B wird letztendlich dann aber den bereits zuvor geltenden Tatbestand wiederherstellen, wonach regelmäßig Zinsansprüche nach der VOB/B höher bemessen sind als nach den gesetzlichen Bestimmungen.

3. Zahlungsbeschleunigung durch Zinssatzerhöhung

Trotz der sicherlich gut gemeinten Überlegungen, die der Erhöhung der Verzugszinsen nach § 288 BGB zugrundeliegen, erscheint zweifelhaft, ob dieses Mittel für eine Zahlungsbeschleunigung sorgen wird. So sind die an Kreditinstitute zu zahlenden Zinsen für die Inanspruchnahme von Bankkredit auch jetzt noch regelmäßig höher als der Zinssatz, der auf Grundlage der gesetzli-

---

[27] BGBl. 1998 I., S. 3819.
[28] Siehe Anhang, Nr. III und IV.

chen Bestimmung zu entrichten ist; dies gilt jedenfalls dann, wenn entsprechende Kreditinanspruchnahmen keine grundpfandrechtliche Sicherung erfahren haben. Der hier gewählte Ansatz geht jedoch im Interesse einer beschleunigten Zahlungsabwicklung in die richtige Richtung.

4. Abdingbarkeit durch vertragliche Vereinbarungen

In der Vergangenheit wurde die Höhe des gesetzlichen Verzugszinses allgemein als unzureichend empfunden[29]. So galt bereits bisher, daß die Festlegung von Zinsen durch vertragliche Vereinbarungen abweichend zur gesetzlichen Festlegung erfolgen konnte. Dies wird durch den auch in der Neuregelung wiederum aufgeführten Satz 2 der Bestimmung deutlich, wonach „aus einem anderen Rechtsgrunde" höhere Zinsen auch im Anwendungsbereich des § 288 BGB fortzuentrichten sind. Bei der Vereinbarung höherer Verzugszinsen, als gemäß § 288 Satz 1 BGB nunmehr festlegt, ist zu beachten, zumindest im Anwendungsbereich des AGB-Gesetzes, die Bestimmung des § 11 Nr. 5 AGBG anzuwenden. Danach kann die Vereinbarung eines Zinssatzes in AGB-mäßiger Form dann der Unwirksamkeit anheimfallen, wenn die Zinsfestlegung außer Verhältnis zu üblicherweise zu erwartenden Schäden gerät und der Nachweis wesentlich niedrigerer tatsächlicher Schädigung abgeschnitten wird. Die Bestimmung des § 11 Nr. 5 AGBG ist regelmäßig auch im Verkehr zwischen Unternehmen gemäß §§ 9, 24 Satz 2 AGB-Gesetz anzuwenden[30], so daß vorgenannte Grundsätze auch für Vertragsverhältnisse zwischen Bauunternehmern und Subunternehmern zu beachten sind[31].

5. Inkrafttreten – Hinweise für die Praxis

Nach Artikel 2 des Gesetzes zur Beschleunigung fälliger Zahlungen vom 30.3.2000 gilt auch für § 288 Satz 1 BGB in der Neufassung eine spezielle Regelung zum Inkrafttreten. So soll § 288 BGB auf alle Forderungen anzuwenden sein, die nach dem 1.5.2000 fällig werden. Dabei kommt es nicht darauf an, ob diese Forderungen auf Verträgen beruhen, die vor diesem Zeitpunkt abgeschlossen wurden, allein maßgebendes Kriterium soll die Fälligkeit der in Rede stehenden Forderung sein[32].

---

[29] *Hertel,* ZNotP 2000, 130 ff. (140 unter c.).
[30] BGHZ 67, 312 = NJW 1977, 381.
[31] Vgl. auch *Kniffka,* ZfBR 2000, 227 (228 re. Sp. Ziff. 2).
[32] Artikel 2 Absatz 1 (Artikel 229 Absatz 1) Gesetz zur Beschleunigung fälliger Zahlungen – BGBl. 2000, I., S. 330, siehe Anhang Nr. I.

II. § 288 BGB Verzugszinsen

Für die Praxis verbleibt der Hinweis, daß in Allgemeinen Geschäftsbedingungen die Neuregelung zu Lasten des Gläubigers wohl kaum abdingbar sein wird, wenn der gesetzliche Zinssatz aus § 288 Satz 1 BGB durch Klauselwerke unterschritten werden soll; dies deshalb, weil § 288 Satz 1 BGB das gesetzliche Leitbild zur Berechtigung von Verzugszinsen als Maßstab einer Wirksamkeitskontrolle insbesondere nach § 9 AGB-Gesetz neu definiert. Eine Abbedingung zugunsten des Gläubigers wird regelmäßig bei Beachtung der Grundsätze aus § 11 Nr. 5 AGB-Gesetz jedoch möglich sein[33]. Bei isolierter Betrachtung dürfte daher die in der VOB 2000 zu erwartende Neuregelung des § 16 Nr. 5 Absatz 3 VOB/B gleichfalls – die Meinung von *Kniffka* wird geteilt – selbst bei isolierter Kontrolle nach dem AGB-Gesetz wirksamkeitsunbedenklich bleiben[34].

---

[33] Vgl. *Kniffka*, a.a.O.
[34] *Kniffka*, a.a.O.

III. § 632a BGB Abschlagszahlungen

> **Der Unternehmer kann von dem Besteller für in sich abgeschlossene Teile des Werkes Abschlagszahlungen für die erbrachten vertragsmäßigen Leistungen verlangen. Dies gilt auch für erforderliche Stoffe oder Bauteile, die eigens angefertigt oder angeliefert sind. Der Anspruch besteht nur, wenn dem Besteller Eigentum an den Teilen des Werkes, an den Stoffen oder Bauteilen übertragen oder Sicherheit hierfür geleistet wird.**

1. Allgemeines

Die Gesetzesänderung besteht in der Einfügung des vollständig neuen § 632a BGB. Nach den §§ 631, 641 BGB sah die bisherige Rechtslage vor, daß der Werkunternehmer bei Abschluß eines Werkvertrages allein auf der Basis der gesetzlichen Bestimmungen in vollem Umfange vorleistungspflichtig war. Abschlagszahlungen konnte der Werkunternehmer nur bei einer ausdrücklichen entsprechenden Vertragsvereinbarung oder aber bei einer entsprechend festgestellten Verkehrssitte verlangen[35]. Wenngleich im Bauvertragsrecht bereits in der Vergangenheit Vereinbarungen über die Erbringung von Abschlagszahlungen durchaus einer gewissen Üblichkeit entsprachen, war dennoch die Verpflichtung zur Leistung von Abschlagszahlungen, wie sie beispielsweise § 16 Nr. 1 VOB/B regelt, nicht ohne weiteres auf Werkverträge nach dem BGB übertragbar[36]. Allerdings wurde beim Werkvertrag eine Pflicht zur Leistung von Abschlagszahlungen gemäß dem Baufortschritt gelegentlich durchaus über die Grundsätze von Treu und Glauben begründet[37].

Der Regelungsinhalt aus § 16 Nr. 1 VOB/B wird durch den neu eingefügten § 632a BGB weitgehend in die gesetzliche Regelung des Werkvertragsrechts übernommen. So geht die Beschlußempfehlung des Rechtsausschusses zum Gesetzesentwurf davon aus, daß § 632a BGB an die Regelung des § 16 VOB/B angelehnt ist und Abschlagszahlungen durchaus einen Ausgleich dafür gewähren können, daß der Unternehmer grundsätzlich vorleistungsverpflichtet bleibt[38].

---

[35] Statt vieler: *Palandt-Sprau,* § 641 Rn. 1.
[36] BGH NJW 1985, 855 (857).
[37] *Basty,* Der Bauträgervertrag, Rn. 311.
[38] Vgl. Beschlußempfehlung und Bericht des Rechtsausschusses; Bundestagsdrucksache 14/2752 zu Artikel 1 Nr. 3 (§ 632a BGB).

III. § 632a BGB Abschlagszahlungen

Der wesentliche Unterschied der Regelung nach § 632a BGB zum Gehalt des § 16 Nr. 1 VOB/B besteht einerseits darin, daß Abschlagszahlungen nur für „in sich abgeschlossene Teile des Werkes" verlangt werden können, andererseits Abschlagszahlungen für erforderliche Stoffe oder Bauteile nicht voraussetzen, daß diese – wie § 16 Nr. 1 Absatz 1 S. 3 VOB/B formuliert – eigens angefertigt und bereitgestellt sind. Für die Anwendung des § 632a BGB reicht insoweit, daß die Bauteile eigens angefertigt *oder* angeliefert wurden. Die Verpflichtung zur Besicherung für Abschlagszahlungen auf lediglich eigens angefertigte/angelieferte Bauteile ist der Regelung in § 16 Nr. 1 Absatz 1 Satz 3 VOB/B nachgebildet und entspricht dieser.

2. Anspruchsvoraussetzungen

Erste Voraussetzung zur Begründung eines Abschlagszahlungsanspruchs nach § 632a BGB ist, daß der Unternehmer von dem Besteller für einen in sich abgeschlossenen Teil des Werkes eine Abschlagszahlung begehrt.

Bereits diese Voraussetzung dürfte den Anwendungsbereich des § 632a BGB sehr stark relativieren. So ist den werkvertraglichen Bestimmungen nicht zu entnehmen, was unter einem „in sich abgeschlossenen Teil des Werkes" zu verstehen ist.

Geht man davon aus, daß die Beschlußempfehlung des Rechtsausschusses sich weitgehend an die VOB/B-Regularien angelehnt hat – dies nimmt die Beschlußempfehlung für sich in Anspruch[39] – so wird zur Ausfüllung dieser Begrifflichkeiten auf § 12 Nr. 2a) VOB/B (Fassung 1998) zurückzugreifen sein.

Die vorgenannte VOB/B-Bestimmung definiert für „in sich abgeschlossene Teile der Leistung" dort einen Anspruch auf Teilabnahme. Einigkeit herrscht, daß es sich um einen „in sich abgeschlossenen Teil der Leistung" im Sinne des § 12 Nr. 2a VOB/B (Fassung 1998) dann handeln soll, wenn dieser Teil für sich allein als Bauleistung bestehen und angesprochen werden kann, er eine ihm zugedachte und nach allgemeiner Verkehrsanschauung übliche Funktion erfüllt und nicht nur die Grundlage für weitere Bauleistungen darstellt, mithin in seiner Gebrauchsfähigkeit abschließend überprüft und beurteilt werden kann[40]. Auch herrscht insoweit Einigkeit, daß die Annahme eines „in sich abgeschlossenen Teils der Leistung" restriktiv gehandhabt werden soll, um Schwierigkeiten insbesondere im Zusammenhang mit den Gewährleistungsregularien zu vermeiden[41].

So wurde beispielsweise eine Leistung als teilabnahmefähig angesehen, wenn eines von mehreren nach einem einzigen Vertrag zu errichtenden Häusern abnahmereif fertiggestellt ist[42], hingegen aber einzelne Teile eines Roh-

---
[39] Rechtsausschuß a.a.O.
[40] *Heiermann/Riedl/Rusam-Riedl*, § 12 VOB/B Rn. 32 m.z.w.N.
[41] *Heiermann/Riedl/Rusam-Riedl*, a.a.O.
[42] *Heiermann/Riedl/Rusam-Riedl*, a.a.O. m.w.N.

baus, wie Betondecken oder aber auch Stockwerke, nicht als „in sich abgeschlossen" beurteilt wurden[43].

Wie vorstehende Darlegungen zeigen, wird vor diesem Hintergrund der Anwendungsbereich des Abschlagszahlungsanspruchs aus § 632a BGB nur unter sehr engen Voraussetzungen zu gewähren sein; bereits diese erste Voraussetzung stellt hohe Anforderungen an die tatsächliche Grundlage für den entsprechenden Anspruch.

Zweite Voraussetzung des Abschlagszahlungsanspruchs aus § 632a BGB ist, daß er für erbrachte vertragsmäßige Leistungen geltend gemacht wird.

Auch bei der hier gewählten Gesetzesformulierung wird von der Formulierung des § 16 Nr. 1 Absatz 1 Satz 1 VOB/B abgewichen, dies sowohl sprachlich als auch rechtstechnisch nicht unbedingt glücklich. Während die VOB-Regelung in § 16 Nr. 1 Absatz 1 Satz 1 VOB/B einen Anspruch auf Abschlagszahlungen „in Höhe des Wertes der jeweils nachgewiesenen vertragsgemäßen Leistungen einschließlich des ausgewiesenen, darauf entfallenden Umsatzsteuerbetrages in möglichst kurzen Zeitabständen" gewährt, knüpft § 632a BGB insoweit alternativ an erbrachte vertragsmäßige Leistungen an. So bedarf es bereits der Auslegung, daß dieser Anspruch sich auch auf den hierauf entfallenden Umsatzsteueranteil bezieht, da ja der Umsatzsteuerbetrag gerade nicht „für vertragsmäßig erbrachte Leistungen" gezahlt wird, sondern den Besteuerungsobulus für die Durchführung des Geschäfts zugunsten des Staates darstellt. Bei verständiger Auslegung wird man jedoch die Abschlagszahlung für „erbrachte vertragsmäßige Leistungen" jedenfalls auch auf den hierauf entfallenden Umsatzsteueranteil zu beziehen haben, da anderenfalls der entfallende Umsatzsteuerbetrag vom ausführenden Unternehmen entrichtet werden müßte, mithin also dasjenige schmälern würde, das als Abschlagszahlung für die „erbrachte vertragsmäßige Leistung" vereinnahmt werden kann. Unter Berücksichtigung der Motivation des Gesetzgebers wird dies von dessen Zielsetzungen nicht gedeckt, so daß nach der hier vertretenen Auffassung Abschlagszahlungen einschließlich ausgewiesener und hierauf entfallender Umsatzsteuerbeträge auch nach § 632a BGB in Höhe des Wertes der erbrachten vertragsmäßigen Leistungen zu entrichten sind.

Wann eine Leistung vertragsmäßig erbracht im Sinne des § 632a BGB ist, ist wiederum nicht ganz einfach festzustellen. So ist es das Wesen einer Abschlagszahlung, daß sie sich als Abschlag auf eine noch nicht vollständig erbrachte Leistung/Teilleistung bezieht. Vertragsmäßig erbracht wird eine Teilleistung bereits dann sein, wenn sie für sich genommen keine Mängel aufweist, so daß für den weiteren Arbeitsfortschritt uneingeschränkt auf ihr aufgebaut werden kann.

Soweit der Gesetzgeber das Merkmal der Erbringung in die Anspruchsvoraussetzung hineinformuliert hat, ist dies so zu verstehen, daß die zum Gegenstand der Abschlagszahlung erhobene vertragsmäßige Leistung auch nach-

---

[43] BGHZ 50, 160.

III. § 632a BGB Abschlagszahlungen

gewiesenermaßen ausgeführt sein muß. Insoweit wird man die Grundsätze zur Nachweispflicht für Abschlagszahlungen auf Grundlage des § 16 Nr. 1 VOB/B auf die neue gesetzliche Regelung in § 632a BGB zu übertragen haben. Für die Anspruchsdarlegung wird daher auch auf Grundlage des § 632a BGB gefordert, daß die Abschlagszahlung bzw. die Berechtigung zur Einforderung der Abschlagszahlung durch eine entsprechend prüfbar aufgestellte Aufstellung als Anspruchsnachweis unterlegt wird, mithin also auch eine Abschlagsrechnung entsprechend den Prüfbarkeitskriterien des § 16 Nr. 1 VOB/B aufgestellt wird. Danach ist zwar keine bestimmte Form der Anspruchsdarlegung vorgeschrieben, als Mindesterfordernis jedoch wird die Anforderung der Abschlagszahlung übersichtlich aufgestellt sein müssen; entsprechend prüfbare Leistungsnachweise zur Nachvollziehbarkeit der Abschlagszahlungsanforderung sind beizulegen.

Allerdings dürfte auch insoweit gelten, daß die Voraussetzungen bzw. Anforderungen an die Prüfbarkeit der Abrechnung durchaus danach differenziert werden können, ob der Auftraggeber seinerseits sach- und fachkundig ist bzw. bereits über Leistungsermittlungsergebnisse auf Grundlage ihm zugearbeiteter Leistungsstandfeststellungen durch von ihm beauftragte Architekten oder Fachingenieure verfügt.

Soll der Abschlagszahlungsanspruch nach § 632a BGB in der Fallvariante des § 632a Satz 2 BGB zur Anwendung kommen, d.h. also eine Abschlagszahlung für erforderliche Stoffe oder Bauteile, die eigens angefertigt oder angeliefert wurden, angefordert werden, ist wiederum die Gesetzesformulierung in starkem Maße auslegungsbedürftig.

So stellt sich zunächst die Frage, was der Gesetzgeber mit der Formulierung „dies gilt auch" als Bezugspunkt des Abschlagszahlungsanspruchs nach § 632a Satz 2 BGB gemeint hat. Offen bleibt, ob die Abgeschlossenheit der Teilleistung auch Voraussetzung für das Entstehen des Abschlagszahlungsanspruchs für Stoffe oder Bauteile sein soll; der Wortlaut des Gesetzes legt allerdings diese Annahme nahe[44]. Wenngleich die gesetzliche Formulierung hier nicht eindeutig ist, legt die Intention des Gesetzgebers nahe, daß Satz 2 des § 632a BGB einen isolierten Abschlagszahlungsanspruch für Stoffe oder Bauteile definieren wollte, die eigens angefertigt oder angeliefert" sind, zumal in dem frühen Stadium der Anfertigung oder Anlieferung noch nicht beurteilt werden kann, inwieweit diese Stoffe/Bauteile einen „in sich abgeschlossenen Teil des Werkes" darstellen bzw. darstellen können. Zum Teil des Werkes werden Stoffe oder Bauteile jedenfalls erst dann, wenn sie mit ihm auch tatsächlich verbunden werden.

Nach der hier vertretenen Auffassung besteht der Abschlagszahlungsanspruch des § 632a BGB daher auch für erforderliche Stoffe oder Bauteile, wenn sie nur in irgendeiner Weise für das Bauwerk eigens angefertigt oder angeliefert sind; ergänzend ist jedoch die Voraussetzung des letzten Satzes aus

---

[44] Vgl. insoweit die Kritik von *Kniffka*, ZfBR 2000, 227 (229 li.Sp.).

§ 632a BGB kumulativ zu erfüllen, wonach der Anspruch jedenfalls Eigentumsübertragung oder Sicherheitsleistung voraussetzt.

In besonderem Maße problematisch scheint allerdings auch auf dem Boden der hier vertretenen Auffassung die Begründung eines Abschlagszahlungsanspruchs für erforderliche Stoffe oder Bauteile zu sein, die lediglich eigens angefertigt oder alternativ angeliefert sind. Wenn bereits der Tatbestand der eigenständigen Anfertigung ausreicht, so läuft der Besteller nach der gesetzlichen Formulierung Gefahr, bereits in der Produktionsstätte des Unternehmers lediglich eingelagerte Güter im Wege der Abschlagszahlung zumindest anteilig vergüten zu müssen, obwohl er nicht sicher sein kann, beispielsweise im Falle der Insolvenz, den Gegenwert in das Bauwerk eingebracht zu erhalten. Dieser Einwand ist sicherlich berechtigt, kann jedoch durch eine konsequente Anwendung des Satzes 3 aus § 632a BGB entkräftet werden, da der Abschlagszahlungsanspruch nach § 632a Satz 2 BGB auch nach der hier vertretenen Auffassung in jedem Fall eine eigenständige Besicherung – sei es durch Eigentumsübertragung oder gesonderte Sicherheitsleistung – voraussetzt und der zuvor genannte Aspekt bei der Ermittlung der Höhe der angemessenen Besicherung durchaus Berücksichtigung finden kann.

Wie bereits zuvor dargelegt, findet sich in § 632a Satz 3 BGB eine weitere Anspruchsvoraussetzung, die sich nach der hier vertretenen Auffassung sowohl auf den Abschlagszahlungsanspruch aus Satz 1 des § 632a BGB bezieht als auch auf den Anspruch nach § 632a Satz 2 BGB.

Abschlagszahlungen muß der Besteller nur leisten, wenn ihm Eigentum übertragen wird oder er anderweitig gesichert wird.

Auch hier ist die Gesetzesformulierung sprachlich ungenau. So verliert der Unternehmer während der Bauerrichtung das Eigentum an der werkvertragsgegenständlichen Leistung nicht durch „Übertragung", sondern regelmäßig durch Einbau bzw. Leistungserbringung nach § 946 BGB. Da allerdings in Satz 3 des § 632a BGB der Eigentumserwerb des Bestellers im Vordergrund steht, ist es ausreichend, wenn der Besteller jedenfalls Eigentum – auf welchem Weg auch immer – an den in sich abgeschlossenen Teilen des Werkes bzw. den erforderlichen Stoffen oder Bauteilen im Sinne von § 632a Satz 2 BGB erwirbt[45].

Daraus folgt aber zugleich, daß regelmäßig in Vertragsverhältnissen zwischen Generalunternehmern und Subunternehmen der Abschlagszahlungsanspruch nach § 632a Satz 1 BGB bedeutungslos werden wird, da der Generalunternehmer üblicherweise nicht Grundstückseigentümer ist, dementsprechend kein Eigentumserwerb nach §§ 94, 946 BGB zugunsten eines Generalunternehmers in Betracht zu ziehen sein wird. Für diese Vertragsverhältnisse verbleibt es dann allenfalls bei dem Entstehen eines Abschlagszahlungsanspruchs nach § 632a Satz 2 BGB, so daß regelmäßig allein die Übertragung

---

[45] Vgl. *Kniffka*, a.a.O.

III. § 632a BGB Abschlagszahlungen

des Eigentums an „erforderlichen Stoffen oder Bauteilen" im Sinne des § 632a Satz 2 BGB zum Abschlagszahlungsanspruch auf Grundlage der Neuregelung führen kann. In diesem Zusammenhang ist darauf hinzuweisen, daß die VOB-Regelung in § 16 Nr. 1 Absatz 1 Satz 3 klarstellt, daß die Übertragung des Eigentums alternativ zur anderweitigen Sicherheitsleistung von der Wahl des Auftraggebers (Bestellers) abhängt; diese Unterscheidung hat § 632a BGB nicht aufgegriffen. Daraus folgt, daß die Übertragung des Eigentums an Teilen des Werkes, Stoffen oder Bauteilen als Alternative zur Sicherheitsleistung dieser vollständig gleichwertig ist, mithin der Unternehmer (Auftragnehmer) wählen kann, welche Alternative er dem Besteller (Auftraggeber) andient. Ein Recht des Bestellers, die Eigentumsübertragung zugunsten einer Sicherheitsleistung zurückzuweisen, wird jedenfalls durch die Formulierung des neuen § 632a BGB nicht ersichtlich, so daß grundsätzlich beide Alternativen den gesetzlichen Anforderungen genügen[46].

Auch zur Höhe einer etwa zu leistenden Sicherheit findet sich in § 632a BGB keine Aussage; wertet man die Gesetzesformulierung aus, so sieht der Gesetzgeber allerdings die Eigentumsübertragung an Teilen des Werkes, an den Stoffen oder Bauteilen als Alternative zur anderweitigen Sicherheitsleistung, woraus folgt, daß die Höhe einer anderweitigen Sicherheit nicht anders zu bemessen ist als der Teilwert des Werkes bzw. der Wert der Stoffe oder Bauteile[47].

Kiesel ist allerdings einzuräumen, daß der Gesetzgeber damit möglicherweise das Sicherungsbedürfnis des Auftraggebers zu niedrig eingestuft hat, da allein die Eigentumsübertragung an Stoffen oder Bauteilen beispielsweise nicht bereits den beschädigungsfreien Einbau – d.h. also die eigentliche Bauleistungserbringung/Montageleistung des ausführenden Unternehmens – sicherzustellen vermag. Allerdings kann dieser Aspekt bei der Ermittlung der Höhe der Abschlagszahlung bereits Berücksichtigung finden, wenn die Ermittlung des Abschlagszahlungsanspruchs sich beispielsweise ausschließlich am Wert der bereitgestellten Stoffe oder angelieferten Bauteile orientiert und nicht auch bereits den Wert der eigentlichen Bauausführungsleistung – sei es auch nur anteilig – mitberücksichtigt.

3. Abdingbarkeit durch vertragliche Vereinbarung

Wenngleich nunmehr die gesetzliche Regelung in § 632a BGB einen Abschlagszahlungsanspruch in das Leitbild der gesetzlichen Regeln des BGB-Werkvertragsrechts implantiert, ändert dies nichts daran, daß es sich auch insoweit um eine dispositive Regelung handelt. Die Vertragsparteien können

---

[46] Anderer Ansicht offenbar *Kiesel*, NJW 2000, 1673 (1676 li.Sp.).
[47] Anderer Ansicht *Kiesel*, a.a.O.

anderweitige Regelungen vertraglich vereinbaren[48]. Unproblematisch ist dies in jedem Fall im Rahmen einer individuellen vertraglichen Vereinbarung. Bei abweichenden Regularien in Allgemeinen Geschäftsbedingungen wird allerdings zu berücksichtigen sein, daß das Recht, Abschlagszahlungen zu fordern, eben gerade nunmehr dem Leitbild des BGB entspricht. Als Regelungsgegenstand für Klauselwerke verbleibt daher eine Modifikation des Abschlagszahlungsanspruchs, z.B. durch das Aufstellen ergänzender Erfordernisse wie beispielsweise die Vorlage einer prüfbaren Aufstellung oder Abrechnung; als Regelungsgegenstand verbleiben aber auch Festlegungen zu einer gesonderten Fälligkeitsfrist, wie sie beispielsweise in § 16 Nr. 1 VOB/B formuliert sind. Die aktuelle Regelung in § 16 Nr. 1 VOB/B weicht von der nun gewählten gesetzlichen Regelung ab, sie dürfte jedoch AGB-rechtlich unbedenklich sein[49]. Vor diesem Hintergrund ist davon auszugehen, daß die Regelung des § 16 Nr. 1 VOB/B selbst dann als wirksamkeitsunbedenklich einzustufen ist, wenn die VOB/B nicht „als Ganzes" vereinbart ist, mithin also keine Privilegierung nach § 23 Nr. 5 AGB-Gesetz besteht.

4. Inkrafttreten – Hinweise für die Praxis

Nach Artikel 2 des Gesetzes zur Beschleunigung fälliger Zahlungen vom 30.3.2000 soll § 632a BGB in der ab 1.5.2000 geltenden Fassung nicht für Verträge gelten, die vor dem 1.5.2000 abgeschlossen wurden[50].

Für die Praxis ist festzustellen, daß der Gesetzgeber im Sinne einer Beschleunigung fälliger Zahlungen besser daran getan hätte, sich noch weit stärker an die Regelung des § 16 Nr. 1 VOB/B anzulehnen. So ist davon ausgehen, daß der Abschlagszahlungsanspruch nach § 632a Satz 1 BGB oftmals daran scheitern wird, daß kein „in sich abgeschlossener Teil des Werkes" in wirtschaftlich sinnfälligen Zahlungsschritten als ausgeführt festgestellt werden kann. Der Abschlagszahlungsanspruch nach § 632a BGB wird zumindest für das Rechtsverhältnis zwischen Generalunternehmern und deren Subunternehmern regelmäßig voraussetzen, daß eine adäquate Sicherheitsleistung erfolgt. Diese Sicherheitsleistung kann in diesen Verhältnissen regelmäßig wohl nicht durch Eigentumsübertragung stattfinden, da der Eigentumsübergang von Gesetzes wegen unmittelbar als Folge der Leistungserbringung auf den Grundstückseigentümer erfolgen wird.

Die wesentliche Funktion des § 632a BGB wird darin erkannt, daß sich das gesetzliche Leitbild zur Vereinbarung von Abschlagszahlungsansprüchen geändert hat, damit aber der Spielraum für die Definition von Allgemeinen Ge-

---

[48] Vgl. *Kiesel*, a.a.O.; *Kniffka*, a.a.O.
[49] *Kniffka*, a.a.O.
[50] Gesetz zur Beschleunigung fälliger Zahlungen Artikel 2 Absatz 1, BGBl. 2000 I. S. 330, siehe Anhang Nr. I.

schäftsbedingungen zu diesem Segment der Zahlungsabwicklung deutlich erweitert wird.

Vor diesem Hintergrund verbleibt als begrüßenswerter Aspekt für die Alltagspraxis, daß der Spielraum für vertragliche Regelungen zu Abschlagszahlungen jedenfalls durch die Neuregelung in § 632a BGB eher vergrößert denn beschränkt wurde.

IV. § 640 BGB Abnahme

(1) Der Besteller ist verpflichtet, das vertragsmäßig hergestellte Werk abzunehmen, sofern nicht nach der Beschaffenheit des Werkes die Abnahme ausgeschlossen ist. **Wegen unwesentlicher Mängel kann die Abnahme nicht verweigert werden. Der Abnahme steht es gleich, wenn der Besteller das Werk nicht innerhalb einer ihm vom Unternehmer bestimmten angemessenen Frist abnimmt, obwohl er dazu verpflichtet ist.**

(2) Nimmt der Besteller ein mangelhaftes Werk **gemäß Abs. 1 Satz 1** ab, obschon er den Mangel kennt, so stehen ihm die in den §§ 633, 634 bestimmten Ansprüche nur zu, wenn er sich seine Rechte wegen des Mangels bei der Abnahme vorbehält.

1. Allgemeines

Die Gesetzesänderung besteht in der Ergänzung des Absatz 1 zu § 640 BGB und darüber hinaus in der einschränkenden Formulierung in Absatz 2 des § 640 BGB. Bisher war nach § 640 BGB a.F. die Abnahmepflicht des Bestellers ausschließlich an die vertragsmäßige Herstellung des Werkes geknüpft. Im Grundsatz erforderte dies die Herstellung des Werkes vollständig und mangelfrei für den Zeitpunkt des Abnahmetermins[51].

So bestand in der Vergangenheit durchaus die Möglichkeit zur Abnahmeverweigerung für den Besteller, selbst dann, wenn lediglich kleinere Mängel vorlagen. Ausnahmsweise sollte die Verweigerung bereits allerdings in der Vergangenheit dann rechtsmißbräuchlich sein[52], wenn diese kleineren Mängel außer Verhältnis zur Gesamtleistung standen. Nachdem insbesondere aus dem handwerklichen Gewerbebereich zunehmend Beschwerden zu verzeichnen waren, daß die Abnahme häufig nur wegen geringfügiger Mängel verweigert werde, sah sich der Gesetzgeber zur entsprechenden Neuregelung veranlaßt. Allerdings wurde auch hier die Formulierung aus § 12 Nr. 3 VOB/B nicht übernommen, letztendlich mit der Begründung, mit dem jetzt gewählten Ansatz klarzustellen, daß eine Beweislastumkehr zu Lasten des Bestellers nicht in Betracht kommt[53].

---

[51] BGH NJW 1992, 2481.
[52] BGH NJW 1996, 1280.
[53] Vgl. Beschlußempfehlung des Rechtsausschusses, Bundestagsdrucksache 14/2752 V. zu Nr. 4.

IV. § 640 BGB Abnahme B

Der praktische Wert der Neuregelung ist begrüßenswert. Die Abnahme war letztlich schon immer zentrale Voraussetzung für die Fälligkeit der Werkvergütung nach § 641 BGB. Häufig hat in der Vergangenheit die Diskussion über Abnahmefragen die eigentliche Anspruchsdiskussion zum Vergütungsthema überlagert. Wenngleich bereits die bisherige Rechtsprechung des Bundesgerichtshofs durchaus Möglichkeiten bot, den böswilligen Besteller in die Schranken zu weisen, wird die gesetzliche Neuregelung nunmehr die Argumentation für den Praktiker vereinfachen.

2. Voraussetzungen der Abnahme

Wie bisher besteht die Verpflichtung des Bestellers zur Abnahme nach § 640 Absatz 1 BGB bei vollständig vertragsmäßig hergestelltem Werk. Die Textergänzung in Absatz 1, wonach wegen unwesentlicher Mängel die Abnahme nicht mehr verweigert werden kann, lehnt sich auch nach den Beschlußempfehlungen des Rechtsausschusses an die Rechtssituation nach § 12 Nr. 1 VOB/B i.V.m. § 12 Nr. 3 VOB/B an[54].

Voraussetzung ist danach auch für den Anspruch auf Abnahme nach § 640 BGB, daß das Werk jedenfalls frei von wesentlichen Mängeln erstellt wurde, wobei die Beweislast für das Erreichen dieses Leistungsstandes nach wie vor den Unternehmer trifft.

Für die Frage, wann ein Mangel wesentlich ist, wird auf die bisherige Rechtsprechung zur Beurteilung des gleichen Kriteriums im Rahmen von § 12 Nr. 3 VOB/B zurückgegriffen werden können. Der Bundesgerichtshof beurteilte bisher die Frage nach der Wesentlichkeit eines Mangels primär in Abhängigkeit von der Feststellung, ob es dem Auftraggeber unter Abwägung der beiderseitigen Interessen nach Art und Auswirkung des Mangels zumutbar sei, die Leistung abzunehmen oder nicht[55].

Für die Beantwortung der Frage nach der Wesentlichkeit eines Mangels wird es auch im Rahmen des § 640 BGB nunmehr weitgehend darauf ankommen, ob dem Mangel im Hinblick auf die vom Besteller zu erkennen gegebenen Anforderungen an die Leistung als solche und deren Zweckbestimmung Bedeutung zukommt. Dann, wenn die Mangelbedeutung unter Abwägung der beiderseitigen Interessen es unzumutbar erscheinen läßt, die zügige Abwicklung des Vertragsverhältnisses noch länger zurückzustellen, wird kein Recht bestehen, die Abnahme zu verweigern. Als Kriterium zur Beurteilung dieser Frage kommt neben den Mangelbeseitigungskosten bzw. deren Höhe sicherlich deren Auswirkung auf die Funktionsfähigkeit der Gesamtwerkleistung, auch aber der Umfang und das Gewicht etwaiger optischer Beeinträchtigungen in Betracht. Als maßgeblicher Zeitpunkt für die Beurteilung

---

[54] Vgl. Beschlußempfehlung des Rechtsausschusses a.a.O.
[55] BGH NJW 1981, 1448; *Heiermann/Riedl/Rusam-Riedl*, § 12 VOB/B Rn. 36 m.w.N.

der Frage, ob der Mangel unter dem Gesichtspunkt der Zumutbarkeit wesentlich ist, verbleibt es bei dem Zeitpunkt der Fertigstellung und Übergabe an den Besteller.

Alternativ zur Durchführung der Abnahme nach § 640 Absatz 1 Satz 1 und 2 BGB steht nunmehr die vom Gesetzgeber neu geschaffene Lösung des Eintritts einer Abnahmewirkung über eine Fiktion. So soll es der Abnahme gleichstehen, wenn der Besteller zu Unrecht die Abnahme verweigert. Diese Fiktion hat sicherlich zum einen prozessuale Auswirkungen, trägt aber zum anderen im wesentlichen einer inhaltlich von den Gerichten bereits mehrheitlich so gesehenen Ausgangssituation durch klare Ausformulierung als Aufnahme in den Gesetzestext Rechnung[56].

Nach dem bisherigen Stand auf der Grundlage der alten gesetzlichen Regelung hatte die zu Unrecht erfolgte Abnahmeverweigerung jedenfalls bei ernsthafter und endgültiger Verweigerungshaltung des Bestellers im wesentlichen die Wirkungen der Abnahme[57]. Nach der Neuregelung steht der Eintritt der Abnahmewirkungen über die Fiktionslösung aus § 640 Absatz 1 Satz 3 BGB der Abnahmeerklärung vollständig gleich. Voraussetzung für diese Gleichstellung der unterlassenen Abnahme mit der durchgeführten Abnahme ist jedoch, daß folgende Untervoraussetzungen vollständig vorliegen:

– Der Unternehmer muß zunächst zur Abnahme verpflichtet sein.
– Zur Beurteilung dieser Voraussetzung bedarf es der Feststellung, daß die Werkleistung des Unternehmers die in § 640 Absatz 1, Satz 1 und 2 BGB genannten Voraussetzungen erfüllt und keine als wesentlich zu beurteilenden Mängel vorliegen.
– Darüber hinaus muß eine vom Unternehmer bestimmte angemessene Frist zur Durchführung der Abnahme abgelaufen sein.
 Voraussetzung ist hier, daß der Unternehmer zur Abnahme aufgefordert hat und mit dieser Aufforderung eine Fristsetzung verbunden wurde. Wenngleich die Beurteilung der Angemessenheit der Fristsetzung sicherlich eine Einzelfallbetrachtung erfordert, wird hier jedoch die Regelung des § 12 Nr. 1 VOB/B immerhin einen mehr als deutlichen Fingerzeig geben, soweit dort grundsätzlich für Abnahmen auch umfangreichster Bauleistungen eine Frist von 12 Werktagen vorgesehen ist. Auch für die hier geforderte Fristsetzung wird der allgemeine Rechtssatz gelten, daß eine unangemessen kurze Frist regelmäßig jedenfalls nicht unwirksam ist, sondern statt dessen eine angemessene Frist in Lauf setzt[58].
– Ist die Frist abgelaufen, steht der Unternehmer so, wie wenn der Besteller abgenommen hätte. Dabei soll es nicht darauf ankommen, ob das Verhalten des Bestellers als endgültige oder nur vorübergehende Abnahmever-

---

[56] Vgl. *Hertel*, ZNotP 2000, 130 (143).
[57] *Vygen*, Bauvertragsrecht, Rn. 404; BGH BauR 1996, 390.
[58] *Kniffka*, ZfBR 2000, 227 (230).

weigerung zu verstehen ist, denn die gesetzliche Regelung knüpft keine weiteren Voraussetzungen an den Fiktionseintritt. So bleibt allenfalls mit Kniffka zu erwägen, die Fristsetzung nach allgemeinen Grundsätzen wiederum für entbehrlich zu erachten, wenn der Besteller bereits vor der Aufforderung zur Abnahme endgültig zu Unrecht die Abnahme verweigert hat. Diese Auffassung verdient Zustimmung, da das Beachten bloßer Förmeleien nicht in den Vordergrund treten sollte.

Soweit dann in Absatz 2 durch die Neuregelung klargestellt wird, daß der Rechtsverlust bei fehlendem Mangelvorbehalt nur dann eintritt, wenn die Abnahme nach § 640 Absatz 1 BGB durch ausdrückliche Abnahmeerklärung des Bestellers erfolgt ist und bei dieser Erklärung der Vorbehalt unterlassen wurde, ist dies eine sinnfällige Ergänzung der gesetzlichen Regelung. So würde es sicherlich zu weit gehen, bei Annahme einer Abnahmewirkung als Folge der nunmehr neu geschaffenen gesetzlichen Fiktion zugleich auch den Rechtsverlust nach § 640 Absatz 2 BGB zu Lasten des Bestellers vorzusehen.

Die Konsequenzen der Neuregelung wirken sich auch auf die *Darlegungslast* im Prozeß aus.

Nach der bisherigen Rechtslage mußte der Unternehmer vortragen, daß sein Werk abgenommen sei oder der Auftraggeber die Abnahme zu Unrecht verweigere. Zukünftig wird es ausreichen, wenn der Unternehmer zur Begründung seines Werklohnanspruchs lediglich vorträgt, das Werk sei abgenommen oder alternativ die Abnahmefrist für das im Sinne von § 640 Absatz 1 Satz 1 und 2 fertiggestellte Werk abgelaufen. Insoweit handelt es sich um eine Erleichterung der Darlegungsarbeit für den Unternehmer, wobei abzuwarten bleibt, ob es sich hierbei um eine wirksame Auswirkung auf den zeitlich Ablauf von Vergütungsprozessen in der Praxis handelt.

3. Abdingbarkeit durch vertragliche Vereinbarungen

Auch die Neuregelungen des § 640 BGB unterfallen der Dispositionsbefugnis der Parteien, sie sind also durch vertragliche Absprachen durchaus abdingbar.

Allerdings gehört auch die hier gewählte Neuregelung zu den Erfordernissen des Abnahmeanspruchs nunmehr in das Leitbild des gesetzlichen Werkvertragsrechts. So dürfte es in Formularverträgen künftig kaum wirksam möglich sein, daß der Besteller den Anspruch des Unternehmers auf Abnahme davon abhängig macht, daß die Werkleistung vollständig mangelfrei erbracht ist. Jedwede Abänderung des neuen Leitbildes dürfte im übrigen gleichen Bedenken begegnen.

Für das Verhältnis zur Abnahmeregelung in § 12 Nr. 1 VOB/B ist festzustellen, daß die Fassung des Abnahmeanspruchs nach § 12 VOB/B ohnehin bereits dem nunmehr geänderten gesetzlichen Leitbild entspricht; dies ist logische Folge der Tatsache, daß die gesetzliche Situation der Regelungsmechanik der VOB/B angepasst wurde.

Soweit in § 12 Nr. 1 VOB/B die Geltendmachung des Abnahmeanspruchs unter Fristsetzung von 12 Werktagen formuliert wird, handelt es sich bei der dort geregelten Frist naturgemäß noch nicht um eine Frist im Sinne der neu geschaffenen gesetzlichen Regelung in § 640 BGB; diese Frist ist nicht individuell am zu erbringenden Werkerfolg ausgerichtet, dementsprechend abweichend von der gesetzlichen Regelung nicht individuell bemessen[59].

Dessen ungeachtet wird nach der hier vertretenen Auffassung die Gesamtregelung des § 12 Nr. 1 VOB/B auch dann für wirksamkeitsunbedenklich erachtet, wenn die VOB/B nicht als Ganzes vereinbart ist; die Modalitäten in § 12 Nr. 1 VOB/B sind der gesetzlichen Ausgangssituation in § 640 BGB selbst dann noch so nahe, daß eine unangemessene Benachteiligung nicht erkannt werden kann. Soweit die VOB/B schließlich in § 12 Nr. 5 weitere alternative Formen der fiktiven Abnahme vorsieht, bleiben diese Regelungen von der gesetzlichen Neuformulierung in § 640 BGB zunächst unberührt; sie gelten ohnehin nur bei vertraglicher Vereinbarung der Bestimmungen der VOB/B und widersprechen dem Leitbild der gesetzlichen Situation heute weniger denn je zuvor, nachdem auch das Gesetz nunmehr fiktive Tatbestände zum Eintritt der Abnahmewirkungen vorsieht.

4. Inkrafttreten – Hinweise für die Praxis

Nach Artikel 2 des Gesetzes zur Beschleunigung fälliger Zahlungen vom 30.3.2000 gilt auch § 640 BGB in der nun formulierten Neufassung ab dem 1.5.2000 für neu abgeschlossene Verträge. Für vor dem 1.5.2000 abgeschlossene Verträge soll § 640 BGB mit der Maßgabe anzuwenden sein, daß der Lauf einer darin bestimmten Frist erst mit dem 1.5.2000 beginnt[60].

Für die Alltagspraxis verbleibt der Hinweis, daß es grundsätzlich in abzuschließenden Verträgen sinnvoll sein kann, die Dauer einer Frist zur Durchführung der Abnahme nach Vorliegen der Abnahmevoraussetzungen im übrigen vertraglich zu fixieren, wenn denn nicht ohnehin auf die Regelung in § 12 Nr. 1 VOB/B zugegriffen wird.

Für die Beratungspraxis gilt, daß insbesondere Besteller zukünftig nachhaltig darauf hinzuweisen sind, welche gravierende Bedeutung die Aufforderung zur Durchführung einer Abnahme besitzen kann, wenn nicht innerhalb der Frist angemessen reagiert wird. Für den Besteller begründet die neu geschaffene gesetzliche Ausgangssituation in § 640 BGB gerade in der Phase der

---

[59] *Kniffka*, a.a.O., 231.
[60] Artikel 2 Absatz 1 (Artikel 229 Absatz 2) Gesetz zur Beschleunigung fälliger Zahlungen BGBl. 2000, I. S. 330, s.a. Anhang Nr. I.

Abnahme eine verstärkte Verpflichtung zur Befassung mit der Frage, ob er zur Abnahme verpflichtet ist; Fehleinschätzungen zur Frage der Bedeutung des Abnahmeverlangens können außerordentlich nachteilige Rechtskonsequenzen insbesondere mit Blick auf die Fälligkeit der Vergütung, das Anlaufen der Gewährleistungsfristen und die Umkehr der Darlegungs- und Beweisverpflichtung zu Lasten des Bestellers haben.

V. § 641 BGB Fälligkeit der Vergütung

(1) Die Vergütung ist bei der Abnahme des Werkes zu entrichten. Ist das Werk in Teilen abzunehmen, so ist die Vergütung für jeden Teil bei dessen Abnahme zu entrichten.

(2) **Die Vergütung des Unternehmers für ein Werk, dessen Herstellung der Besteller einem Dritten versprochen hat, wird spätestens fällig, wenn und soweit der Besteller von dem Dritten für das versprochene Werk wegen dessen Herstellung seine Vergütung oder Teile davon erhalten hat. Hat der Besteller dem Dritten wegen möglicher Mängel des Werkes Sicherheit geleistet, gilt dies nur, wenn der Unternehmer dem Besteller Sicherheiten in entsprechender Höhe leistet.**

(3) **Kann der Besteller die Beseitigung eines Mangels verlangen, so kann er nach der Abnahme die Zahlung eines angemessenen Teils der Vergütung verweigern, mindestens in Höhe des Dreifachen der für die Beseitigung des Mangels erforderlichen Kosten.**

(4) Eine in Geld festgesetzte Vergütung hat der Besteller von der Abnahme des Werkes an zu verzinsen, sofern nicht die Vergütung gestundet ist.

1. Allgemeines

Die Gesetzesänderung besteht in der Einfügung der beiden neuen Absätze 2 und 3 in den Text des § 641 BGB.

In Absatz 2 des § 641 BGB wird zunächst in Satz 1 eine sogenannte „Durchgriffsfälligkeit" für Ansprüche des Subunternehmers festgelegt; der Anspruch des Subunternehmers auf Vergütung wird gegenüber dem Generalunternehmer spätestens dann fällig, wenn der Generalunternehmer von dem Besteller diejenige Vergütung erhalten hat, die den von dem Subunternehmer erbrachten Leistungen zugeordnet ist. Bei einer nur teilweisen Zahlung des Dritten an den Besteller kommt dann dementsprechend auch nur die teilweise Weiterleitung des Entgelts insoweit an den Subunternehmer in Betracht; klargestellt wird durch Satz 2 der Neuregelung, daß der Subunternehmer diesen durchgriffsfälligen Anspruch nicht uneingeschränkt geltend machen kann, wenn der Hauptunternehmer seinerseits Zahlungen des Dritten nur gegen eine Sicherheitsleistung erhalten hat.

In Absatz 3 wird – trotz des ausdrücklichen Gesetzeszwecks der Beschleunigung fälliger Zahlungen – die Rechtsstellung des Bestellers verbessert, wenn ein Mindestdruckzuschlag[61] in Höhe von mindestens dem Dreifachen der für die Beseitigung eines Mangels erforderlichen Kosten gesetzlich festgeschrieben wird. Dieser Druckzuschlag auf das Dreifache der Mangelbeseitigungskosten wurde sicherlich auch bisher regelmäßig von der Rechtsprechung eingeräumt[62], unterlag jedoch einer variablen Handhabung durch die Gerichte. So wurden in der Vergangenheit Zurückbehaltungsrechte uneinheitlich und vor allen Dingen einzelfallorientiert beurteilt; die Bandbreite für die Ausübung von Leistungsverweigerungs- bzw. Zurückbehaltungsrechten bzw. den entsprechenden Kosten zugeordneten Druckzuschlägen lag zwischen dem einfachen Betrag[63] bis hin zum 26,6-fachen dieses Betrages[64]. Auch künftig wird eine Einzelfallbeurteilung stattzufinden haben. Eine Unterschreitung des Druckzuschlages auf Werte unterhalb des Dreifachen der Mangelbeseitigungskosten wird jedoch nicht mehr möglich sein.

2. Voraussetzungen der Durchgriffsfälligkeit nach § 641 Absatz 2 BGB

Wie der Begründung zum Regierungsentwurf zu entnehmen ist, soll die hier gewählte Regelung einem Mißstand abhelfen, der darauf beruht, daß Subunternehmer oftmals ihre Vergütung vom Generalunternehmer nicht erhalten, obwohl dieser seinerseits von seinem Auftraggeber Bezahlung erhalten hat; als Beispiele wurden hier die nach Baufortschritt durch den Bauträger/Generalunternehmer vereinnahmten Raten erwähnt, die dessen ungeachtet an Handwerker wegen angeblicher Mängel nicht abgeführt werden, selbst dann, wenn der Bauherr derartige Ansprüche beim Generalunternehmer/Bauträger nicht angemeldet hat. Diesem widersprüchlichen Verhalten soll die Neuregelung die Grundlage entziehen[65].

Erste Anspruchsvoraussetzung für die Begründung einer Durchgriffsfälligkeit nach § 641 Absatz 2 BGB ist damit, daß ein Fall vorliegt, bei dem der Unternehmer für den Besteller Leistungen erbracht hat, die der Besteller seinerseits einem Dritten schuldet.

Mit dem Merkmal „spätestens" wird klargestellt, daß es sich bei der hier formulierten Voraussetzung um eine alternativ und sekundär eingreifende Fälligkeitsregelung handelt, die den Fälligkeitseintritt in den im Gesetz genannten Ausnahmefällen von der Durchführung einer Abnahme oder dem Eingreifen einer Abnahmefiktion trennt. Anders als bisher durch das Gesetz zur Sicherung von Bauforderungen[66] wird nunmehr also keine Pflicht zur

---

[61] Vgl. allgemein zum Druckzuschlag: *Weyer*, BauR 1981, 426.
[62] OLG Düsseldorf NJW-RR 1997, 1450.
[63] BGH BauR 1996, 123 (126f.).
[64] OLG Hamburg MDR 1970, 243.
[65] Rechtsausschuß Bundestagsdrucksache 14/1246, S. 2.
[66] Gesetz über die Sicherung von Bauforderungen vom 1.6.1909 (RGBl. S. 449), BGBl. III./FNA 213–2, abgedruckt in Anhang Nr. II.

zwecksentsprechenden Mittelverwendung begründet, sondern vielmehr eine materiell-rechtliche Folge für den Vergütungsanspruch definiert. Die Durchgriffsfälligkeit setzt dabei voraus, daß der Unternehmer ein Werk schuldet, das leistungsidentisch mit der vom Besteller einem Dritten versprochenen Leistung ist. Mit *Kniffka* ist davon auszugehen, daß sowohl die systematische Stellung dieser Neuregelung im Gesetz wie auch die Begründung zum Regierungsentwurf nahelegt, daß Voraussetzung für das Eingreifen der Durchgriffsfälligkeit ist, daß der Nachunternehmer seine Leistung insgesamt fertiggestellt haben muß[67]. Damit wird der Anwendungsbereich der sogenannten Durchgriffsfälligkeit auf den Anspruch auf die abschließende Vergütung beschränkt, währenddessen Ansprüche auf Abschlagszahlung beispielsweise auf Grundlage des neu geschaffenen § 632a BGB nicht dem Anwendungsbereich der Bestimmung unterfallen. Festzuhalten ist, daß allein der Erhalt einer Abschlagszahlung des Dritten zugunsten des Bestellers zu keiner unmittelbaren Abschlagszahlungsfälligkeit zugunsten des Unternehmers führt.

Als zweite Voraussetzung für die Annahme der Durchgriffsfälligkeit nach § 641 Absatz 2 BGB fordert das Gesetz, daß der Besteller von dem Dritten für das versprochene Werk wegen dessen Herstellung seine Vergütung oder Teile davon erhalten hat.

Es muß sich bei der hier in Betracht kommenden Zahlung des Dritten um die Vergütung oder Teile davon handeln, die dem Leistungsbereich des Unternehmers im Verhältnis zum Besteller zuzuordnen ist. Unproblematisch sind dabei sicherlich diejenigen Fälle, bei denen der Besteller die volle Leistungsverpflichtung mit Ausnahme etwaiger Koordinierungsleistungen „durchgestellt" hat, also beispielsweise einen Nachunternehmer vollständig mit der Erbringung einer von ihm übernommenen Rohbauerrichtungsverpflichtung betraut hat. Zahlt in diesem Fall der Dritte an den Besteller die volle Vergütung für die Errichtung des Rohbaus, wird dann auch die gesamte Vergütung des Nachunternehmers zur Auszahlung fällig.

Dieser Fall wird letztlich in der Praxis jedoch selten vorliegen. So ist schon die erste Voraussetzung, nämlich das Vorliegen einer identischen Leistungsverpflichtung des Bestellers im Verhältnis zum Dritten oftmals problematisch, da beispielsweise eine an einen Generalunternehmer vergebene Gesamtleistung von diesem oftmals in Einzelgewerke aufgeteilt wird, innerhalb dieser Gewerke zum Teil weitere Schnittstellen geschaffen werden (beispielsweise Vergabe einer Gesamtfassade an mehrere Fassadenbauunternehmen) und zudem die Vergütung des Dritten an den Besteller nicht generell positionsbezogen auf Grundlage eines detaillierten Leistungsverzeichnisses erfolgt, sondern vielmehr ebensogut auf Grundlage einer funktionalen Leistungsbeschreibung ohne nähere Einzelzuordnung zu Teilleistungen erfolgen kann. In diesen und in vergleichbaren Fällen wird es dementsprechend dem Unternehmer schwer-

---

[67] Rechtsausschuß Bundestagsdrucksache 14/1246, S.7; *Kniffka*, ZfBR 2000, 227 (231 re.Sp.).

V. § 641 BGB Fälligkeit der Vergütung

fallen, die Identität der Leistungsverpflichtung des Bestellers im Verhältnis zum Dritten und zudem den Anteil der auf seinen Leistungsanteil entfallenden Vergütungszahlung darzulegen; Darlegungs- und Beweislast für das Vorliegen der Anspruchsvoraussetzungen liegen auch bei dieser Neuregelung nach wie vor beim Anspruchsteller.

Unerheblich wird bleiben, ob der auf dem Leistungsanteil des Unternehmers entfallende Vergütungsbetrag an den Besteller im Wege einer Abschlagszahlung durch den Dritten erfolgt ist oder aber dort als Teilzahlung entgegen genommen wurde. Im Ergebnis wird dadurch die von *Kniffka* bereits identifizierte unbefriedigende Situation in der Tat denkbar; sie besteht darin, daß der Besteller lediglich vorläufige Zahlungen erhalten hat, jedoch dennoch abschließend mit diesen Zahlungen die Fälligkeit der Schlußvergütung für den Unternehmer im Verhältnis zum Besteller ausgelöst wird[68].

Klarzustellen ist, daß es sich bei der Neuregelung in § 641 Absatz 2 BGB um eine alleinige Fälligkeitsregelung handelt, die dazu führen kann, daß Gewährleistungsbeginn und Fälligkeitseintritt nicht mehr zusammenfallen.

So wird für den Beginn der Gewährleistungsfrist nach wie vor die Durchführung einer Abnahme oder das Eingreifen einer der Fiktionstatbestände für die Annahme einer durchgeführten Abnahme notwendig sein; dies unabhängig davon, ob der Fälligkeitseintritt nach Maßgabe des § 641 Absatz 2 BGB für die Auszahlung der Vergütung an den Unternehmer erfolgt ist. Satz 2 der Regelung in § 641 Absatz 2 BGB legt ergänzend fest, daß dann, wenn der Unternehmer dem Dritten Sicherheit wegen Mängeln der Werkleistung zu leisten hat, der Fälligkeitseintritt nach § 641 Absatz 2 BGB weiter voraussetzt, daß der Unternehmer Sicherheit in entsprechender Höhe leistet. Dabei findet sich im Gesetz keine Differenzierung zwischen Sicherheiten anläßlich der Zahlung der Vergütung oder aber von vornherein vereinbarten Sicherheiten für die Vertragserfüllung. Nach der Gesetzesformulierung muß der Unternehmer jedenfalls nur dann dem Besteller Sicherheit in entsprechender Höhe leisten, wenn der Besteller dem Dritten seinerseits wegen möglicher Mängel des Werkes Sicherheit geleistet hat. Mit *Kniffka* wird man hier annehmen müssen, daß allerdings auch vertraglich vereinbarte Erfüllungssicherheiten des Bestellers im Verhältnis zum Dritten zu einer entsprechenden Besicherungsverpflichtung zu Lasten des Unternehmers führen[69].

Für die Höhe der in diesen Fällen zu leistenden Sicherheit bestimmt das Gesetz, daß die Sicherheit in entsprechender Höhe zu leisten ist. Welcher Höhe die Sicherheit zu entsprechen hat, bleibt jedoch offen.

Es kommen zwei alternative Lösungen in Betracht; einerseits, daß die Höhe der Sicherheit der vom Besteller dem Dritten geleisteten Sicherheit zu entsprechen hat, andererseits die Variante, daß die Sicherheit dem Leistungsanteil des Unternehmers im Verhältnis zum Besteller zu entsprechen hat. Zu

---
[68] *Kniffka*, a.a.O.
[69] *Kniffka*, a.a.O., 232, li.Sp.

Recht legt *Kniffka* dar, daß beide Lösungsansätze vertretbar sind, weil einerseits der Besteller ein Interesse daran haben muß, daß Sicherheit in der Höhe geleistet wird, in der er besorgen muß, vom Auftraggeber wegen der Leistungen des Unternehmers in Anspruch genommen zu werden, andererseits der Unternehmer ein anerkennenswertes Interesse daran haben wird, Sicherheit nur für den seinem Leistungsanteil entsprechenden Vergütungsteil zu leisten, um nicht überfordert zu werden.

Berücksichtigt man, daß die Sicherheit nach Satz 2 des § 641 Absatz 2 BGB an die Stelle der Vergütungszahlung des Bestellers an den Unternehmer treten soll, spricht nach der hier vertretenen Auffassung viel dafür, daß die Höhe der Sicherheit demjenigen Betrag der Sicherheit entsprechen muß, der insgesamt zur Besicherung der Inanspruchnahme des Bestellers durch den Dritten für die in Rede stehenden Leistungen des Unternehmers gestellt wurde; dieser Anspruch muß der Höhe nach auf den Maximalbetrag begrenzt sein, den der Unternehmer vom Besteller zur Auszahlung nach § 641 Absatz 2 Satz 1 BGB verlangen kann. Die letztgenannte Einschränkung für die Sicherheitenhöhe folgt daraus, daß über die Sicherheitsleistung nach § 641 Absatz 2 Satz 2 BGB der Besteller nicht besser gestellt werden darf, wie wenn es zu keiner Sicherheitenabwicklung kommt, er mithin keinen größeren Haftungszugriff verschafft bekommen soll, als ihm zustünde, wenn es zu keiner Auszahlung eines Vergütungsbetrages nach § 641 Absatz 2 BGB kommt. Letzteres folgt daraus, daß mit der Regelung des § 641 Absatz 2 BGB eine Besserstellung des Unternehmers im Sinne der Auszahlung und Beschleunigung fälliger Zahlungen bezweckt wurde, keinesfalls jedoch eine Benachteiligung bzw. Verbesserung der Rechtssituation des Bestellers.[70]

Die Frage, wodurch Sicherheit zu leisten ist, ist nicht speziell durch das Gesetz entschieden; in Betracht kommen daher alle üblichen Arten zur Sicherheitsleistung gemäß den §§ 232 bis 240 BGB, auch aber die speziellen Formen der Besicherung, wie sie beispielsweise in § 648a Absatz 2 BGB erwähnt werden, also Garantie oder sonstiges Zahlungsversprechen eines im Geltungsbereich des Gesetzes zum Geschäftsbetrieb befugten Kreditinstituts oder Kreditversicherers. Gerade die Stellung durch Bürgschaft oder Zahlungsversprechen eines Kreditinstituts oder Kreditversicherers ist im bauvertraglichen Bereich schon kraft allgemeiner Übung standardmäßig akzeptiertes Sicherungsmittel, so daß abweichend vom Leitbild der §§ 232 bis 240 BGB für den bauvertraglichen Bereich diese Sicherungsmittel nicht den Ausnahmefall der Besicherung im Verhältnis zu den Realsicherheiten darstellen, sondern die Regel.

---

[70] Rechtsausschuß Bundestagsdrucksache 14/2752, S 16.

V. § 641 BGB Fälligkeit der Vergütung

3. Voraussetzungen für die Berechtigung zum Druckzuschlag nach § 641 Absatz 3 BGB

Nach § 641 Absatz 3 BGB wird für den Zeitraum nach der Abnahme, auch aber nach Eintritt der Abnahmewirkung im Wege der Fiktion, ein Druckzuschlag in Höhe des Dreifachen der für die Beseitigung etwaiger Mängel erforderlichen Kosten als Mindestzurückbehaltungsrecht festgeschrieben.

Der Gesetzgeber sah hier offenbar die Notwendigkeit zur Vereinheitlichung und meinte, daß eine allgemein verbindliche Verständigung auf den dreifachen Satz festgeschrieben werden müsse.

Die hier zugrundeliegenden Überlegungen erscheinen zweifelhaft, zumal die bisherige Rechtsprechungspraxis gezeigt hat, daß die Gerichte individuell den Bedürfnissen der Parteien viel besser Rechnung tragen konnten, als dies durch eine generell abstrakte Regelung, wie sie § 641 Absatz 3 BGB darstellt, geschehen kann.

Dessen ungeachtet hat mit dem hier formulierten Mindestdruckzuschlag ein Verbraucherschutzgedanke Eingang in das grundsätzlich unternehmerfreundlich motivierte Gesetz gefunden. Der Anwendungsbereich der Bestimmung ist eröffnet, wenn es sich um die Ausübung eines Zurückbehaltungsrechts im Zeitraum nach der Abnahme handelt.

Voraussetzung für die Ausübung dieses Rechtes ist weiter, daß der Besteller ein Mangelbeseitigungsrecht hat.

Für die Beurteilung des Anspruchs auf Mangelbeseitigung gelten die bereits bisher in Gesetz und Rechtsprechung anerkannten Grundsätze.

Für den Zeitraum vor der Abnahme enthält das Gesetz keine Regelung. Mit *Kniffka* ist davon auszugehen, daß allerdings die hier definierte Mindesthöhe des Druckzuschlages zumindest über die Leitbildfunktion des Gesetzes auch für Mangelbeseitigungsansprüche im Zeitraum vor der Abnahme Orientierungscharakter besitzt[71].

In der Praxis erscheint es oftmals problematisch, die Höhe der zur Beseitigung des Mangels erforderlichen Kosten zutreffend abzuschätzen.

Das „Schätzungsrisiko" trägt derjenige, der das Recht ausübt, also regelmäßig der Besteller. Geht er unrechtmäßig von zu hohen Mangelbeseitigungskosten aus, riskiert er, daß der Unternehmer Gegenrechte geltend macht, beispielsweise also trotz Ausübung des Rechts Verzugstatbestände mit entsprechenden Rechtsfolgen entstehen. Dem Besteller ist daher anzuraten, die Geltendmachung des Rechtes nicht etwa wegen des Mindesterhöhungsfaktors 3, sondern vielmehr wegen der Grundlagenermittlung für den Ausgangspunkt zurückhaltend auszuüben. Die Darlegungslast für das Bestehen des Mangels und für die Höhe der Mangelbeseitigungskosten liegt im Zeit-

---

[71] *Kniffka*, ZfBR 2000, 227 (232 re.Sp.).

raum nach der Abnahme jedenfalls nach wie vor beim Besteller, insoweit bringt die Neuregelung keine Veränderung.

4. Abdingbarkeit durch vertragliche Vereinbarungen

Die Neuregelung des § 641 Absatz 2 BGB gehört auch insoweit zu den Leitbildern des neuen Werkvertragsrechts und wird deshalb in Allgemeinen Geschäftsbedingungen des Bestellers nicht zu Lasten des Unternehmers abdingbar sein. Grundsätzlich ist sie dispositiv, d.h. individualvertragliche Änderungen sind jederzeit möglich. Mit Blick auf die Gestaltung in VOB-Verträgen gilt, daß die VOB/B keine explizite vergleichbare Regelung für die Vergütungsfälligkeit enthält, so daß insoweit § 641 BGB in der Neufassung keinen unmittelbaren Berührungspunkt mit den Bestimmungen der VOB/B besitzt.

Die Regelung in § 641 Absatz 3 BGB wird nach diesseitigem Verständnis gleichfalls für dispositiv erachtet, kann also zumindest individualvertraglich auch zu Lasten des Bestellers abbedungen werden; in der Praxis wird dieser Fall keine nennenswerte Rolle spielen, weil in aller Regel die Vergabemacht beim Besteller liegt, mithin dieser über Möglichkeiten der wirtschaftlich stärkeren Einflußnahme auf die Gestaltung der Vertragsbeziehungen verfügt.

In Allgemeinen Geschäftsbedingungen wird zu Lasten des Bestellers jedoch auch im unternehmerischen Bereich nicht von § 641 Absatz 3 BGB abgewichen werden können, da auch diese Bestimmung nunmehr dem gesetzlichen Leitbild des Werkvertragsrechts entspricht, dementsprechend den Prüfungsmaßstab auch für die Frage des Vorliegens einer sogenannten unangemessenen Benachteiligung im Sinne von § 9 AGB-Gesetz darstellt.

5. Inkrafttreten – Hinweise für die Praxis

Die Bestimmung des § 641 BGB in der ab dem 1.5.2000 geltenden Fassung gilt grundsätzlich nicht für Verträge, die vor dem 1.5.2000 abgeschlossen worden sind. § 641 Absatz 3 BGB soll jedoch demgegenüber auch auf bereits vorher abgeschlossene Verträge angewendet werden, wie in Artikel 2 des Gesetzes zur Beschleunigung fälliger Zahlungen vom 30.3.2000 bzw. in dem auf Grundlage dieser Festlegung eingefügten Artikel 229 in das Einführungsgesetz zum BGB, dort Absatz 2 Satz 2 klargestellt wird.

Für die Praxis bleibt fragwürdig, ob die Neufassung des § 641 BGB zu wesentlichen Veränderungen zugunsten der Unternehmen führt. So ist einerseits Voraussetzung für die Verfolgung von Ansprüchen auf Grundlage des § 641 BGB, daß der Unternehmer erfährt, daß der Besteller Vergütung für die von ihm erbrachten Leistungen durch einen Dritten erhalten hat; des weiteren muß der Unternehmer darlegen, daß etwa erhaltene Zahlungen des Bestellers auf genau und exakt seinen Leistungsteil entfallen bzw. darlegen, wie diese Vergütungszahlungen im einzelnen seinem Leistungsanteil zuzuordnen sind. Die Schwierigkeiten in der Anspruchsdarlegung sind hier mit Sicherheit groß. Zudem ist zu beachten, daß als Folge der Abdingbarkeit der gesetzlichen Regelung Vereinbarungen in den Verträgen über die Fälligkeit der Vergütung bzw. auch über die Teilfälligkeit derartiger Zahlungen in aller Regel der gesetzlichen Bestimmung des § 641 Absatz 2 BGB vorgehen werden.

Zugunsten der ausführenden Unternehmen wird man allerdings beachten müssen, daß mit der Verfolgung von Ansprüchen auf Grundlage des § 641 Absatz 2 BGB jedenfalls auch ein Anspruch des Unternehmers einhergehen wird, der den Besteller verpflichtet, Auskunft über etwaig erhaltene Zahlungen Dritter auf Leistungsteile des ausführenden Unternehmens zu erteilen. Auch nach der hier vertretenen Auffassung folgt dieser Auskunftsanspruch als Nebenrecht über § 242 BGB aus der gewählten gesetzlichen Konstruktion in § 641 Absatz 2[72] BGB.

Mit Blick auf die Neuregelung in der sogenannten VOB 2000 hat der Verdingungsausschuß bei seiner Beschlußfassung vom 10.12.1999 die jetzt Gesetz gewordene Regelung zwar gekannt, jedoch von einer Übernahme bzw. analogen Anknüpfung in VOB/B-Bestimmungen abgesehen[73]. Auch zukünftig wird daher der Abschlagszahlungsmodus der VOB/B bei Verträgen, für die die Geltung der VOB/B vereinbart ist, in aller Regel die Anwendung des § 641 Absatz 2 BGB überlagern.

---

[72] *Kiesel,* NJW 2000, 1673 (1678 re.Sp.).
[73] Vgl. *Kiesel,* a.a.O. m.w.N.

VI. § 641a BGB Fertigstellungsbescheinigung

(1) Der Abnahme steht es gleich, wenn dem Unternehmer von einem Gutachter eine Bescheinigung darüber erteilt wird, daß

1. das versprochene Werk, im Falle des § 641 Abs. 1 Satz 2 auch ein Teil desselben, hergestellt ist und

2. das Werk frei von Mängeln ist, die der Besteller gegenüber dem Gutachter behauptet hat oder die für den Gutachter bei einer Besichtigung feststellbar sind, (Fertigstellungsbescheinigung). Das gilt nicht, wenn das Verfahren nach den Abs. 2 bis 4 nicht eingehalten worden ist oder wenn die Voraussetzungen des § 640 Abs. 1 Satz 1 und 2 nicht gegeben waren; im Streitfall hat dies der Besteller zu beweisen. § 640 Abs. 2 ist nicht anzuwenden. Es wird vermutet, daß ein Aufmaß oder eine Stundenlohnabrechnung, die der Unternehmer seiner Rechnung zugrundelegt, zutreffen, wenn der Gutachter dies in der Fertigstellungsbescheinigung bestätigt.

(2) Gutachter kann sein,

1. ein Sachverständiger, auf den sich Unternehmer und Besteller verständigt haben oder

2. ein auf Antrag des Unternehmers durch eine Industrie- und Handelskammer, eine Handwerkskammer, eine Architektenkammer oder eine Ingenieurkammer bestimmter öffentlich bestellter und vereidigter Sachverständiger.

Der Gutachter wird vom Unternehmer beauftragt. Er ist diesem und dem Besteller des zu begutachtenden Werkes gegenüber verpflichtet, die Bescheinigung unparteiisch und nach bestem Wissen und Gewissen zu erteilen.

(3) Der Gutachter muß mindestens einen Besichtigungstermin abhalten; eine Einladung hierzu unter Angabe des Anlasses muß dem Besteller mindestens zwei Wochen vorher zugehen. Ob das Werk frei von Mängeln ist, beurteilt der Gutachter nach einem schriftlichen Vertrag, den ihm der Unternehmer vorzulegen hat. Änderungen dieses Vertrages sind dabei nur zu berücksichtigen, wenn sie schriftlich vereinbart sind oder von den Vertragsteilen übereinstimmend gegenüber dem Gutachter vorgebracht werden.

VI. § 641a BGB Fertigstellungsbescheinigung   B

> Wenn der Vertrag entsprechende Angaben nicht enthält, sind die allgemein anerkannten Regeln der Technik zugrundezulegen. Vom Besteller geltend gemachte Mängel bleiben bei der Erteilung der Bescheinigung unberücksichtigt, wenn sie nach Abschluß der Besichtigung vorgebracht werden.
>
> (4) Der Besteller ist verpflichtet, eine Untersuchung des Werkes oder von Teilen desselben durch den Gutachter zu gestatten. Verweigert er die Untersuchung, wird vermutet, daß das zu untersuchende Werk vertragsgemäß hergestellt worden ist; die Bescheinigung nach Abs. 1 ist zu erteilen.
>
> (5) Dem Besteller ist vom Gutachter eine Abschrift der Bescheinigung zu erteilen. In Ansehung von Fristen, Zinsen und Gefahrübergang treten die Wirkungen der Bescheinigung erst mit ihrem Zugang beim Besteller ein.

1. Allgemeines

Bei der neu in das BGB eingefügten Regelung des § 641a BGB handelt es sich um eine der umfangreichsten Gesetzesformulierungen, die im BGB je in einem einzelnen Paragraphen zusammengefügt wurden.

Kerngehalt der Bestimmung ist es, die Durchführung der Abnahme als an sich originäre Erklärung der Akzeptanz des Auftraggebers/Bestellers durch ein Sachverständigenverfahren zu ersetzen; dies legt nahe, daß der Gesetzgeber die Hauptursache für die schleppende Zahlungsabwicklung bzw. den größtmöglichen Effekt zur Zahlungsbeschleunigung in einer Alternative zu dem ursprünglich im BGB verankerten Abnahmeprinzip durch den Besteller sah.

Der Begründung des Gesetzentwurfes ist an mehreren Stellen zu entnehmen, daß mit der Neuregelung dem Unternehmer die Möglichkeit eröffnet werden soll, zügig die Vergütung auch ohne Abnahme des Werkes fällig zu stellen[74]. Dabei stand im Vordergrund der Überlegungen, die zeitraubende und Gerichte belastende Frage des Vorhandenseins von Mängeln komplett aus dem eigentlichen streitigen Teil der Auseinandersetzung herauszulösen. Mit dem Instrument der Fertigstellungsbescheinigung nach § 641a BGB soll dem Unternehmer zugleich der Weg zur Durchführung eines Urkundenprozesses eröffnet werden, mithin eine Möglichkeit geschaffen werden, auf kurzem Wege zu einem Vollstreckungstitel ohne Sicherheitsleistung[75] zu gelangen.

---

[74] Begründung zur Beschlußempfehlung des Rechtsausschusses Bundestagsdrucksache 14/2752, 18 ff (19, 21).
[75] § 708 Nr. 4 ZPO; Rechtsausschuß Bundestagsdrucksache 14/2752, 18 ff. (19).

Im Rahmen der Begründung des Rechtsausschusses zur Beschlußempfehlung wurde ausdrücklich darauf hingewiesen, daß sich mit dem Eintritt der Abnahmewirkung auf Grundlage der Fertigstellungsbescheinigung die Beweislast hinsichtlich der Mangelfreiheit des Werkes ändere; nach dem Erhalt eines Fertigstellungstestats sei der Besteller aufgerufen, etwaige weitergehende Mängel darzulegen und zu beweisen. Vor diesem Hintergrund erklärt sich, daß die Abnahmewirkung der Fertigstellungsbescheinigung nur dann eintritt, wenn das förmliche Verfahren nach den Absätzen 2 bis 4 aus § 641a BGB eingehalten wird[76].

Schließlich hat die Beschlußempfehlung klargestellt, daß das Verfahren zur Erlangung einer Fertigstellungsbescheinigung stets voraussetzt, daß es eine schriftlich beschriebene Fixierung des geschuldeten Leistungsinhalts gibt; ohne ausdrückliche Regelung bzw. klare Beschreibung der Leistung soll die Abwicklung des Abnahmevorgangs über § 641a BGB nicht ermöglicht werden[77].

2. Voraussetzungen des Abnahmeeintritts nach § 641a BGB

Erste Voraussetzung für die Annahme des Abnahmeeintritts über eine Fertigstellungsbescheinigung im Sinne des § 641a BGB ist die dem Unternehmer von einem Gutachter erteilte Bescheinigung darüber, daß das versprochene Werk hergestellt und frei von Mängeln ist, die der Besteller gegenüber dem Gutachter behauptet hat oder die für den Gutachter bei einer Besichtigung feststellbar sind.

Über diese Voraussetzung soll der Unternehmer zunächst gezwungen sein, etwa vorhandene Mängel zu beseitigen, bevor er überhaupt das Begutachtungsverfahren nach § 641a BGB einleitet. Im übrigen wird der Besteller vor einem ungerechtfertigten Eintritt der Abnahmewirkungen durch die Festlegung in Satz 2 der Bestimmung geschützt, wonach die Abnahmewirkungen über eine erteilte Fertigstellungsbescheinigung nur dann eintreten, wenn einerseits das förmliche Verfahren nach § 641a Absätzen 2 bis 4 BGB eingehalten wurde und andererseits keine Voraussetzungen vorliegen, die den Besteller nach § 640 Absatz 1 Satz 1 und 2 BGB zur Abnahmeverweigerung berechtigen. Allerdings soll der Besteller insoweit beweisen müssen, daß einerseits das Verfahren nach den Absatz 2 bis 4 der Bestimmung nicht eingehalten wurde und andererseits die Voraussetzung zu einer berechtigten Abnahmeverweigerung trotz des Mängelfreiheitstestates über die Fertigstellungsbescheinigung vorliegen[78].

Weiter wird durch Satz 3 der Regelung klargestellt, daß der Auftraggeber bei Eintritt der Abnahmewirkungen als Folge einer Fertigstellungsbescheini-

---

[76] Rechtsausschuß, a.a.O.
[77] Rechtsausschuß, a.a.O., 21.
[78] § 641a Absatz 1 Satz 2, letzter Halbsatz BGB.

VI. § 641a BGB Fertigstellungsbescheinigung   B

gung keinen Rechtsverlust nach § 640 Absatz 2 BGB erleidet, mithin also Gewährleistungsansprüche nicht verliert, auch wenn er sie sich im Verfahren zur Erteilung der Fertigstellungsbescheinigung wegen bekannter Mängel nicht ausdrücklich vorbehalten hat.

Auch gilt, daß der Besteller nicht gehindert ist, Ansprüche wegen solcher Mängel geltend zu machen, die er im Verfahren nach § 641a BGB nicht vorgebracht hat, obwohl er sie kannte. Allerdings wird man nach einer erteilten Fertigstellungsbescheinigung auch insoweit die Ausübung etwaiger Rechte dem Darlegungs- und Beweisbereich des Bestellers zuzuordnen haben, mithin insoweit die Anspruchsverfolgung für diesen erschwert sein.

Versäumt wurde, in § 641a BGB klarzustellen, ob der Auftraggeber sich im Rahmen des förmlichen Verfahrens zur Erteilung der Fertigstellungsbescheinigung eine etwaig vereinbarte Vertragsstrafe vorbehalten muß.

Nach § 341 Absatz 3 BGB gilt bekanntlich, daß sich der Besteller eine etwa verwirkte Vertragsstrafe mit Annahme der Erfüllungsleistung vorzubehalten hat, also im Zeitpunkt der Abnahme einen entsprechenden Vorbehalt erklären muß. Auch die VOB-Regelung in § 12 Nr. 5 Absatz 3 VOB/B stellt klar, daß selbst bei Eintritt der Abnahmewirkungen als Folge einer der Fiktionen aus § 12 VOB/B der Vorbehalt einer Vertragsstrafe zu den dortigen Fiktionszeitpunkten ausdrücklich geltend zu machen ist.

Aktuell bleibt festzustellen, daß jedenfalls nach den geltenden gesetzlichen Bestimmungen keine Einschränkung für § 341 Absatz 3 BGB formuliert wurde, mithin nach wie vor Voraussetzung für die Geltendmachung einer Vertragsstrafe ist, daß sich der Besteller diese – auch wenn die Abnahmewirkungen über ein Fertigstellungstestat nach § 641a BGB begründet werden – zum Zeitpunkt des Abnahmeeintritts vorzubehalten hat; der Besteller wird die sich hieraus ergebenden tatsächlichen Schwierigkeiten zu bewältigen haben.

Betontermaßen gilt, daß die Abnahmefiktion über das erteilte Fertigstellungstestat dann nicht eingreift, wenn das förmliche Verfahren zur Erteilung der Bescheinigung nicht beachtet wurde oder die Voraussetzungen zur Abnahmeverweigerung nach § 640 Absatz 1 Sätze 1 und 2 BGB vorlagen.

Unter Berücksichtigung der Tatsache, daß insoweit die Beweislast den Besteller treffen soll[79], bedeutet diese Festlegung für die Durchführung eines Urkundenprozesses, daß der Besteller gehalten ist, diese Darlegungs- und Beweislast gegebenenfalls mit den in diesem Verfahren zugelassenen Mitteln[80] zu erfüllen, er mithin in aller Regel den Beweis zunächst nicht führen können wird.

So wird die Auseinandersetzung über die Frage entsprechender Gegenrechte des Bestellers regelmäßig dem Nachverfahren vorbehalten bleiben, mithin der Besteller damit leben müssen, daß selbst bei Verfehlungen im Rahmen des Verfahrens zur Erlangung der Fertigstellungsbescheinigung möglicherweise zunächst ein vollstreckbarer Titel entsteht.

---

[79] § 641a Absatz 1 Satz 2 BGB.
[80] Urkunden und – auf Antrag – Parteivernehmung, § 595 Absatz 2 ZPO.

B   Kapitel B. Regelungen im Einzelnen

Für das förmliche Verfahren zur Erlangung der Fertigstellungsbescheinigung sind folgende Voraussetzungen zu beachten:

- Das versprochene Werk muß hergestellt sein, wie § 641a Absatz 1 Ziff. 1 fordert.
- Unter dem Begriff des versprochenen Werkes ist letztlich die Erbringung der vertraglich geschuldeten Leistung zu verstehen. Diese ist erbracht, wenn allenfalls unbedeutende Restarbeiten fehlen, wie die Begründung des Gesetzentwurfes verdeutlicht[81].
- Weiter darf die von dem Unternehmer erbrachte Leistung nicht mit Mängeln behaftet sein, die der Besteller gegenüber dem Gutachter behauptet hat oder die für den Gutachter bei einer Besichtigung feststellbar sind.
  Daraus folgt, daß der Gutachter im Rahmen der von ihm zwingend durchzuführenden Besichtigung der Werkleistung eine Prüfung auf solche Mängel durchzuführen hat; ergibt die Sichtprüfung Anhaltspunkte für das Vorliegen von Mängeln bzw. für Veranlassung zu vertiefender Untersuchung, so wird man davon ausgehen müssen, daß der Sachverständige auch derartige Untersuchungen durchzuführen hat. In jedem Fall muß der Gutachter den vom Besteller behaupteten Mängeln nachgehen und zwar auch dann, wenn deren Vorliegen nicht mit Selbstverständlichkeit und ohne weiteres für ihn im Rahmen der Besichtigung überprüft werden kann. Daraus kann folgen, daß der Sachverständige gehalten ist, gegebenenfalls auch ergänzende Untersuchungen in einem weitaus tieferen Maße vorzunehmen, als er dies im Rahmen eines Ortstermins mit Sichtüberprüfung darzustellen vermag.
- Weitere Voraussetzung ist, daß die Besichtigung durch einen der in § 641a Absatz 2 BGB bezeichneten Gutachter stattfindet, es sich also um einen Sachverständigen handelt, auf den sich Unternehmer und Besteller verständigt haben oder aber um einen auf Antrag des Unternehmers durch eine entsprechend zuständige Stelle bestimmten öffentlich bestellten und vereidigten Sachverständigen.

Unproblematisch dürfte nur der Fall sein, daß sich Besteller und Unternehmer auf einen Sachverständigen verständigt haben.

Für die Praxisanwendung ist zu besorgen, daß im Falle einer Diskussion um die Frage der Durchführung einer Abnahme – diese wird letztlich Grundlage für die Einleitung eines Verfahrens nach § 641a BGB durch den Unternehmer sein – auch keine Einigung über die Person des Sachverständigen zustandekommt. Dann bleibt lediglich die zweite Alternative aus § 641a Absatz 2 BGB, wobei sich das Problem stellt, daß dem Sachverständigen in aller Regel hier – Probleme der Vereidigung bzw. öffentlichen Bestellung einmal hintangestellt – übermenschliche Sachkunde abverlangt wird. Gerade bei

---

[81] Bundestagsdrucksache 14/1246, 9.

VI. § 641a BGB Fertigstellungsbescheinigung

der Beurteilung umfassender Bauleistungen ist Spezialwissen auch zu einzelnen Fachgewerken gefordert, so daß selbst bei sorgfältiger Auswahl des Sachverständigen keine Gewähr dafür besteht, daß dieser die für die Beurteilung der Vertragsleistungen nötige Kompetenz hat[82].

Hat dessen ungeachtet die Bestimmung des Gutachters stattgefunden, ist dieser von dem ausführenden Unternehmen zu beauftragen, dementsprechend auch von diesem zunächst zu bezahlen.

Der Gutachter ist allerdings auch gegenüber dem Besteller des zu begutachtenden Werkes zu unparteiischem Vorgehen verpflichtet und auch diesem gegenüber gehalten, seine Leistungen nach bestem Wissen und Gewissen zu erbringen.

Bei beiden gesetzlich aufgestellten Prämissen am Ende des Absatzes 2 in § 641a BGB handelt es sich an sich um Selbstverständlichkeiten.

In der Praxis dürfte es sich bei der Verpflichtung zur Unparteilichkeit zwar um eine ehrenhafte Festlegung im Gesetz handeln, dessen ungeachtet jedoch eine gewisse Abhängigkeit des Sachverständigen von demjenigen entstehen, der ihn beauftragt hat, mithin jedenfalls die Nähe des Sachverständigen zum Unternehmer etwas unmittelbarer ausgeprägt sein als zum Besteller.

Die Verpflichtung für den Sachverständigen, seine Bescheinigung nach bestem Wissen und Gewissen zu erteilen, ist kein Mehr im Verhältnis zur ohnehin bestehenden Verpflichtung des Sachverständigen, auf Grundlage eines Begutachtungsauftrags tätig zu werden; so ist es dieser Beauftragung immanent, Wissen nicht zurückzuhalten und keine der von der Gutachtenerstellung betroffenen Parteien auch nur leicht schuldhaft zu benachteiligen.

Objektivierbare Ansätze für den Besteller, den Sachverständigen abzulehnen bzw. einen Fall der Unparteilichkeit feststellen zu können, liefert allenfalls ein Zugriff auf die Bestimmungen der ZPO, dort § 406 i.V.m. § 42 ZPO. Sachverständige werden sich bei der Annahme des Begutachtungsauftrages dementsprechend an den dort festgelegten Maßstäben messen und vor Annahme des Auftrages prüfen müssen, ob sie in der Tat der gesetzlichen Pflichtenstellung zu genügen vermögen.

Die Erteilung einer ordnungsgemäßen Fertigstellungsbescheinigung im Sinne von § 641a BGB setzt voraus, daß nach Bestimmung des Gutachters und dessen Beauftragung das eigentliche Sachverständigenverfahren streng nach den Vorgaben des § 641a Absatz 3 BGB durchgeführt wird.

So muß der Gutachter zunächst einen Besichtigungstermin abhalten und hierzu unter Angabe des Anlasses den Besteller mindestens zwei Wochen zuvor laden.

Zu beachten ist, daß die Zweiwochenfrist nur gewahrt ist, wenn die Ladung tatsächlich zwei Wochen vor dem angedachten Termin dem Besteller zugeht, des weiteren, daß der Gutachter gegebenenfalls einen Zugangsnach-

---

[82] BGH NJW 1992, 433: Fehlerrisiko bei der Begutachtung von Baumängeln sehr hoch, was besonders für Konstruktionsmängel gilt.

weis benötigt, um – bei späteren Angriffen gegen sein Vorgehen – darlegen zu können, daß er die Vorgaben des Gesetzes eingehalten hat.

Auch der Unternehmer wird gehalten sein, den Gutachter zu diesem streng förmlichen Verfahren anzuhalten, da Einwendungen gegen das durchgeführte Verfahren in einem späteren Rechtsstreit zwischen Unternehmer und Besteller zunächst den Unternehmer treffen, mithin dieser mit Hilfe des von ihm beauftragten Gutachters die ordnungsgemäße Durchführung des Verfahrens dokumentieren lassen sollte; dies gilt trotz der insoweit sicherlich für den Unternehmer zunächst günstigen Beweislastverteilung in § 641a Absatz 1 BGB.

Als Beurteilungsgrundlage soll der Sachverständige den schriftlichen Vertrag heranziehen, den ihm der Unternehmer vorzulegen hat.

Änderungen des Vertrages sind nur zu berücksichtigen, wenn sie Eingang in schriftliche Vereinbarungen gefunden haben oder aber Übereinstimmung zwischen den Vertragspartnern besteht.

Soweit der Vertrag keine Angaben enthält, soll für die Beurteilung des Sachverständigen auf die allgemein anerkannten Regeln der Technik zurückgegriffen werden.

Wesentlich für die Erzielung des Begutachtungsergebnisses ist das der Begutachtung zugrundegelegte Vertragssoll. Das Gesetz will nunmehr die Beurteilung der Frage der Fertigstellung und des Vorliegens etwaiger Mängel allein in die Hand des Sachverständigen legen, obwohl die Frage des Vorliegens eines Mangels an sich mehr eine Rechtsfrage denn eine Tatsachenfrage ist.

Letztlich geht es darum festzustellen, ob die ausgeführte Bauerrichtungsleistung von der vertraglich vereinbarten Leistung für den Besteller nachteilig abweicht.

Diese Beurteilung kann sich mitunter in einer rein technischen Beurteilung erschöpfen, steht jedoch oft im Zusammenhang mit der Beurteilung schwieriger Fragen zur Vertragsauslegung, insbesondere, wenn die Leistungsbeschreibung Wertungsspielräume eröffnet und/oder Lücken enthält. Diese Vertragsauslegung wird nunmehr im Rahmen der Erstellung einer Fertigstellungsbescheinigung dem Gutachter übertragen. Daraus folgt, daß es in vielen Fällen an der Schnittstelle zwischen Technik und Recht zu Fachgebietsübergriffen kommt, die einerseits dazu führen werden, daß Sachverständige juristische Fragen klären, andererseits Juristen dazu verführen werden, technische Sachverhalte als Bestandteil ihres Kompetenzzugriffs zu begreifen. Der Jurist beherrscht in aller Regel zwar die zur Vertragsauslegung anwendbaren Grundsätze, wie sie von der höchstrichterlichen Rechtsprechung entwickelt wurden. Die Verbindung dieser Grundsätze mit den Tatsachenerkenntnissen des Sachverständigen liegt nunmehr nicht mehr in der Sphäre des Juristen. Hier wird der subjektiven Wertung und Auslegung des Sachverständigen die Tür geöffnet[83].

---

[83] Vgl. mit ähnlicher Argumentation *Kniffka*, ZfBR 2000, 227 (234).

VI. § 641a BGB Fertigstellungsbescheinigung   B

Das Verfahren zur Erlangung der Fertigstellungsbescheinigung ist nunmehr als eigentliches Vorverfahren, beispielsweise für die Durchführung eines Urkundenprozesses zu verstehen, das die Beurteilung rechtserheblicher Tatsachen von den Gerichten in die Sphäre der Sachverständigen verlagert, damit aber die Rechtssicherheit in derartigen Fallgestaltungen konkret gefährdet. Subjektive Beurteilungen erhalten ohne Kontrolle durch allgemein verbindliche Auslegungsgrundsätze Vorrang vor einer nach dogmatischen Grundsätzen objektivierten Entscheidungsfindung durch die Gerichte.

Nach der gesetzlichen Regelung scheidet die Durchführung eines Verfahrens zur Erlangung einer Fertigstellungsbescheinigung allerdings für solche Fälle aus, in denen der Unternehmer dem Sachverständigen als Beurteilungsgrundlage keinen schriftlichen Vertrag zur Verfügung stellen kann oder aber die Mangelfreiheit seiner Leistungen mit abweichenden mündlichen Absprachen zu begründen sucht.

Liegt ein Fall vor, der in der Baupraxis gar nicht selten ist, wonach der schriftliche Vertrag durch spätere mündliche Absprachen geändert wurde und der Auftraggeber nunmehr auf Grundlage dieser Absprachen Mangeleinwendungen erhebt, kann der Unternehmer einen an sich rechtlich nicht zur Beurteilung relevanten Sachverhalt allein auf Grundlage des schriftlichen Vertrages dem Sachverständigen unterbreiten, ohne daß der Auftraggeber mit Gegenvortrag im Erteilungsverfahren zur Fertigstellungsbescheinigung angehört wird. Im Ergebnis sind daher Beurteilungsergebnisse denkbar, die auf einem rechtlich am Ende der Durchführung aller Verfahren unerheblichen Gesamtsachverhalt beruhen, mithin also die Fertigstellungsbescheinigung sich von demjenigen löst, was an sich als Vertragssoll hätte zugrundegelegt werden müssen.

Dieses Ergebnis wird auch nicht dadurch akzeptabler, daß der Sachverständige bei fehlenden schriftlichen Vereinbarungen hilfsweise auf die anerkannten Regeln der Technik zugreifen soll.

Zum einen hat der Gesetzgeber hier übersehen, daß die anerkannten Regeln der Technik bereits heute oftmals von europäischen Normen überlagert werden, die beispielsweise über die Ü-Zeichen-Vorschriften in den Länderbauordnungen[84] mit Vorrang vor den allgemein anerkannten Regeln der Technik Geltung beanspruchen können. Zum anderen sind die allgemein anerkannten Regeln der Technik als weitgehend ungeschriebene Ausführungsvorgaben nicht so fixiert, daß sie selbst die Forderungen des Gesetzes im übrigen nach schriftlichen Vertragssollvorgaben erfüllen könnten. So kann nach den allgemein anerkannten Regeln der Technik eine Ausführung nach mehreren Varianten in Betracht kommen, obschon im Rahmen des an sich zu beurteilenden Vertrages nur eine dieser Varianten mit dem Vertragssoll in Einklang gebracht werden kann, wenn man den Gesamtsachverhalt würdigt.

---

[84] Z.B. § 20 Absatz 1 Nr. 1 Bauordnung Hessen.

Die Fertigstellungsbescheinigung darf nicht erteilt werden, wenn die Prüfung des Gutachters Mängel ergeben hat.

Nach dem Wortlaut des Gesetzes in § 641a Absatz 1 Nr. 2 BGB gilt dies auch dann, wenn die Mängel an sich nur unwesentlich sind. Dies zeigt einen Widerspruch der gesetzlichen Systematik, da einerseits die Fertigstellungsbescheinigung wegen unwesentlicher Mängel nicht erteilt werden darf, andererseits aber durch die Bescheinigung eine eingetretene Abnahmefiktion nicht mit der Begründung zu Fall gebracht werden kann, daß unwesentliche Mängel vorliegen.

Für die Abwicklung des Begutachtungsverfahrens findet sich dann in § 641a Absatz 4 BGB die Verpflichtung für den Besteller, die Untersuchung des Werkes oder von Teilen desselben durch den Gutachter zu gestatten.

Konsequenterweise führt die Verweigerung der Untersuchung durch den Besteller zu einer gesetzlichen Vermutung, wonach das zu untersuchende Werk vertragsgemäß hergestellt worden ist. Die Regelung lehnt sich insoweit an die Grundsätze zur Beweisvereitelung[85] an und formuliert dann folgerichtig, daß in diesen Fällen die Bescheinigung nach Absatz 1 der Bestimmung durch den Gutachter zu erteilen ist.

Für die Abwicklung des Procedere durch den Sachverständigen legt schließlich Absatz 5 der Bestimmung fest, daß der Gutachter dem Besteller eine Abschrift der Bescheinigung zu erteilen hat und in Ansehung von Fristen, Zinsen und Gefahrübergang die Wirkung der Bescheinigung, nämlich die Abnahmefiktion, erst mit ihrem Zugang beim Besteller eintritt. Auch insoweit ist also die Führung eines Zugangsnachweises bzw. die Dokumentation des Zuganges für eine spätere Anspruchsverfolgung insbesondere mit Blick auf etwaige Verzugstatbstände bedeutsam.

3. Vermutungstatbestand nach § 641a Absatz 1 Satz 4 BGB – Voraussetzungen

Neben der Feststellung der Mangelfreiheit kann nach § 641a Absatz 1 Satz 4 BGB ein Vermutungstatbestand für die Richtigkeit eines Aufmaßes oder einer Stundenlohnabrechnung zugunsten des Bestellers begründet werden, wenn der Gutachter im Rahmen des Verfahrens zur Erteilung der Fertigstellungsbescheinigung deren Richtigkeit bestätigt.

Diese Regelung stellt an sich einen Fremdkörper in einer Bestimmung zum Ersatz des Abnahmevorgangs durch Fiktion dar.

Nach der hier getroffenen Regelung ist die Bescheinigung über das Aufmaß oder die Richtigkeit einer Stundenlohnrechnung keine Voraussetzung für die Erteilung der Fertigstellungsbescheinigung an sich. Der Unternehmer

---

[85] Hierzu *Zöller-Greger*, § 286 Rn. 14. m.w.N.

kann den Gutachter allerdings beauftragen, auch insoweit Feststellungen zu treffen, um die entsprechende Vermutung herbeizuführen. Unverständlich und nicht nachvollziehbar ist, auf welcher Grundlage der Gutachter prüfen können soll, ob insbesondere Stundenlohnabrechnungen zutreffen.

So verhält es sich beim Aufmaß häufig so, daß das in der Vergangenheit erstellte Aufmaß – beispielsweise zur Gründung verbrauchten Betons – im Nachhinein überhaupt nicht mehr ausreichend überprüft werden kann und schon gar nicht im Rahmen eines lediglich als Ortstermin durchgeführten Besichtigungstermins. Erst recht gilt dies für die Überprüfung einer Stundenlohnabrechnung für Stunden, die auch in diesem Zeitpunkt mit Sicherheit längst erbracht und möglicherweise in ihrer Vergütungsrelevanz zweifelhaft sind. So kann die tatsächliche Erbringung von Stundenaufwand wohl nur von demjenigen ordnungsgemäß testiert werden, der bei der Erbringung der rechnungsgegenständlichen Stunden zumindest die Baustelle bereits überwacht bzw. kontrolliert hat. Sachverständige werden gut beraten sein, mit Testaten zur Richtigkeit, insbesondere von Stundenlohnabrechnungen, zurückhaltend zu sein.

4. Erteilung der Fertigstellungsbescheinigung auch für einen in sich abgeschlossenen Teil

Nach § 641a Absatz 1 BGB ist die Fertigstellungsbescheinigung auch für in sich abgeschlossene Teile der Werkleistung zu erteilen, wenn dafür die Voraussetzungen im übrigen erfüllt sind. Diese Regelung entspricht konsequenterweise der Festlegung in § 641 Absatz 1 Satz 2 BGB, wonach es einen Anspruch auf Teilabnahme für Werkleistungen gibt, dementsprechend die Vergütung auch für einzelne Teile zu entrichten ist, wenn der Vertrag das so vorsieht.

5. Form der Fertigstellungsbescheinigung

Das Gesetz sieht keine bestimmte Form für die Erteilung der Fertigstellungsbescheinigung vor.

Aus dem Inhalt der Bescheinigung müssen sich jedoch die gesetzlich geforderten Angaben gemäß den Festlegungen in § 641a BGB ergeben. So muß die Bescheinigung die Erklärung zu § 641a Absatz 1 Nr. 1 und 2 BGB ebenso enthalten, wie – wenn beauftragt – eine Erklärung zur Richtigkeit des Aufmaßes und/oder einer Stundenlohnabrechnung.

Hat der Besteller die Untersuchung verweigert, so ist dieser Sachverhalt in der Bescheinigung zu dokumentieren und die Bescheinigung als nach § 641a Absatz 4 BGB erteilt zu kennzeichnen.

6. Abdingbarkeit durch vertragliche Vereinbarungen

Das Verfahren zur Erteilung der Fertigstellungsbescheinigung hat zwar grundsätzliche Schwächen, entspricht jedoch als Folge der expliziten und nachdrücklichen Einfügung in das Werkvertragsrecht durch den Gesetzgeber nunmehr dem neuen Leitbild des BGB. Dessen ungeachtet handelt es sich um eine abdingbare Regelung, die der Parteiendisposition unterliegt; dies gilt bereits deshalb, weil auch die übrigen Vorschriften zur Durchführung des Abnahmeprocedere unbestrittenermaßen abdingbar sind[86].

Für den Geltungsbereich der VOB/B wird § 641a BGB ergänzend anwendbar sein, wenn dies durch entsprechend verbindliche Vertragsvereinbarung nicht ausdrücklich ausgeschlossen ist.

Ob die Abbedingung der Abnahmewirkungen nach § 641a BGB in Allgemeinen Geschäftsbedingungen erfolgen kann, erscheint zwar auf den ersten Blick zweifelhaft, wenn man sich damit abfindet, daß § 641a BGB nunmehr mit zu den Leitbildern im gesetzlichen Werkvertragsrecht zählt.

Angesichts der Vielzahl der nunmehr bereits über die gesetzlichen Bestimmungen im BGB-Werkvertragsrecht geschaffenen Möglichkeiten zur Herbeiführung einer Abnahme wird das isolierte Abbedingen des § 641a BGB durch den Besteller jedenfalls nicht schlechthin eine unangemessene Benachteiligung des ausführenden Unternehmens darstellen können, dementsprechend zulässig sein.

7. Inkrafttreten – Hinweise für die Praxis

Aus Artikel 2 des Gesetzes zur Beschleunigung fälliger Zahlungen ergibt sich über den neu eingefügten Artikel 229 in das EGBGB, daß § 641a BGB in der ab dem 1.5.2000 geltenden Fassung nicht für Verträge gilt, die vor diesem Zeitpunkt abgeschlossen wurden.

Für die Praxis dürfte gelten, daß der Weg über § 641a BGB regelmäßig aufwändiger und risikoträchtiger ausfällt als der Versuch, über die neu geschaffene Regelung in § 640 BGB die Fiktion der Abnahme zu erreichen. Möglicherweise wird allein das Bestehen der Möglichkeit, nach § 640 BGB Abnahmewirkungen eintreten zu lassen, den praktischen Anwendungsbereich des § 641a BGB gering ausfallen lassen, zumal das Verfahren einerseits formell aufwändig gestaltet ist, andererseits kostenintensiv ausfällt, wenn man berücksichtigt, daß die Sachverständigenkosten durchaus erheblich sein können.

---

[86] Vgl. mit anderem argumentativen Ansatz *Kniffka*, ZfBR 2000, 227 (236 li.Sp.).

VII. § 648a BGB Sicherheit des Bestellers

(1) Der Unternehmer eines Bauwerks, einer Außenanlage oder eines Teils davon kann vom Besteller Sicherheit für die von ihm zu erbringenden Vorleistungen **einschließlich zugehöriger Nebenforderungen** in der Weise verlangen, daß er dem Besteller zur Leistung der Sicherheit eine angemessene Frist mit der Erklärung bestimmt, daß er nach dem Ablauf der Frist seine Leistung verweigere. **Sicherheit kann bis zur Höhe des voraussichtlichen Vergütungsanspruchs, wie er sich aus dem Vertrag oder einem nachträglichen Zusatzauftrag ergibt, sowie wegen Nebenforderungen verlangt werden; die Nebenforderungen sind mit 10 v.H. des zu sichernden Vergütungsanspruchs anzusetzen.**

Sie ist auch dann als ausreichend anzusehen, wenn sich der Sicherungsgeber das Recht vorbehält, sein Versprechen im Falle einer wesentlichen Verschlechterung der Vermögensverhältnisse des Bestellers mit Wirkung für Vergütungsansprüche aus Bauleistungen zu widerrufen, die der Unternehmer bei Zugang der Widerrufserklärung noch nicht erbracht hat.

(2) Die Sicherheit kann auch durch eine Garantie oder ein sonstiges Zahlungsversprechen eines im Geltungsbereich dieses Gesetzes zum Geschäftsbetrieb befugten Kreditinstituts oder Kreditversicherers geleistet werden. Das Kreditinstitut oder der Kreditversicherer darf Zahlungen an den Unternehmer nur leisten, soweit der Besteller den Vergütungsanspruch des Unternehmers anerkennt oder durch vorläufig vollstreckbares Urteil zur Zahlung der Vergütung verurteilt worden ist und die Voraussetzungen vorliegen, unter denen die Zwangsvollstreckung begonnen werden darf.

(3) Der Unternehmer hat den Besteller die üblichen Kosten der Sicherheitsleistung bis zu einem Höchstsatz von 2 v.H. für das Jahr zu erstatten. Das gilt nicht, soweit eine Sicherheit wegen Einwendung des Bestellers gegen den Vergütungsanspruchs des Unternehmers aufrecht erhalten werden muß und die Einwendungen sich als unbegründet erweisen.

(4) Soweit der Unternehmer für seinen Vergütungsanspruch eine Sicherheit nach den Abs. 1 oder 2 erlangt hat, ist der Anspruch auf Einräumung einer Sicherungshypothek nach § 648 Abs. 1 ausgeschlossen.

(5) Leistet der Besteller die Sicherheit nicht fristgemäß, so bestimmen sich die Rechte des Unternehmers nach den §§ 643 und 645 Abs. 1. Gilt der Vertrag danach als aufgehoben, kann der Unternehmer auch Ersatz des

Schadens verlangen, den er dadurch erleidet, daß er auf die Gültigkeit des Vertrages vertraut hat. **Dasselbe gilt, wenn der Besteller in zeitlichem Zusammenhang mit dem Sicherheitsverlangen gemäß Abs. 1 kündigt, es sei denn, die Kündigung ist nicht erfolgt, um der Stellung der Sicherheit zu entgehen. Es wird vermutet, daß der Schaden 5 % der Vergütung beträgt.**

(6) Die Vorschriften der Abs. 1 bis 5 finden keine Anwendung, wenn der Besteller

1. eine juristische Person des öffentlichen Rechts oder ein öffentlich-rechtliches Sondervermögen ist oder

2. eine natürliche Person ist und die Bauarbeiten zur Herstellung oder Instandsetzung eines Einfamilienhauses mit oder ohne Einliegerwohnung ausführen läßt; dies gilt nicht bei Betreuung des Bauvorhabens durch einen zur Verfügung über die Finanzierungsmittel des Bestellers ermächtigten Baubetreuer.

(7) Eine von den Vorschriften der Abs. 1 bis 5 abweichende Vereinbarung ist unwirksam.

1. Allgemeines

§ 648a BGB gab dem Unternehmer bereits bisher einen gesetzlichen Anspruch auf Stellung einer Bürgschaft als Alternative zur Einräumung einer Bauhandwerkersicherungshypothek nach § 648 BGB. Nach der Begründung des Rechtsausschusses zur Beschlußvorlage soll mit der Änderung zunächst das Problem gelöst werden, daß der Besteller gegenüber dem Unternehmer, der die Leistung einer Sicherheit verlangt, möglicherweise nach § 649 Satz 1 BGB kündigt und sich so seinen Verpflichtungen aus § 648a BGB entzieht[87]. So erklärt sich insbesondere die Anfügung zu Absatz 5 des § 648a BGB, die letztlich einen gesetzlichen Vermutungstatbestand dafür schafft, daß ein Besteller, der in zeitlichem Zusammenhang mit einem Sicherheitsverlangen nach § 648a Absatz 1 BGB kündigt, dies nur deshalb tut, weil er der Besicherungsverpflichtung zu entgehen wünscht.

2. Inhalt der Neuregelung

Mit der Aufnahme der Nebenforderungen in Absatz 1 des § 648a BGB folgt der Gesetzgeber einem berechtigten Bedürfnis der ausführenden Unterneh-

---

[87] Rechtsausschuß Bundestagsdrucksache 14/2752, 21 f.

VII. § 648a BGB Sicherheit des Bestellers

men, wobei allerdings offenbleibt, was „Nebenforderungen" im Sinne der gesetzlichen Neuformulierungen sind.

Zunächst kann man hier an Zinsansprüche denken, wenn die Sicherheit nunmehr für Vorleistungen einschließlich dazugehöriger Nebenforderungen zu stellen ist.

Soweit in Satz 2 der Bestimmung die Nebenforderungen dann mit 10% des zu sichernden Vergütungsanspruchs angesetzt werden, legt diese Festlegung nahe, daß der Gesetzgeber hier auch Schadensersatzansprüche im Blick hatte, die er zur Grundlage dieses Pauschalansatzes erhob. Ob es sich allerdings bei Schadensersatz um eine Nebenforderung handeln kann, erscheint mehr als zweifelhaft, so daß der Rechtsprechung überlassen bleibt, die Neuformulierung wertungsmäßig auszufüllen.

Die Neuformulierung bzw. Anfügung zu Absatz 5 des § 648a BGB enthält zwei wesentliche neue Aspekte. Zum einen soll gelten, daß auch dann, wenn eine Bestellerkündigung nach § 649 BGB in zeitlichem Zusammenhang mit einem Sicherheitsverlangen nach Absatz 1 des § 648a BGB erfolgt, es zu Ansprüchen des ausführenden Unternehmens nach § 645 Absatz 1 BGB, insbesondere aber auch auf Schadensersatz wegen des Vertrauens auf die Gültigkeit des Vertrages kommt. Zum anderen wird diese Neuerung von der Einführung einer weiteren gesetzlichen Vermutung begleitet, wenn der letzte Satz in Absatz 5 des § 648a BGB nunmehr eine Schadensvermutung von 5% der Vergütung für diese Fälle beinhaltet. Mit dieser Pauschalierung wollte der Gesetzgeber dem Unternehmer die Darlegung eines Ersatzanspruches erleichtern, weil diese bisher außerordentlich schwierig und mit großen Unsicherheiten behaftet gewesen sei[88].

Die Pauschalierung begründet damit einen Zwang zur Vermeidung einer entsprechenden Vorgehensweise des Auftraggebers, wobei sie die Besonderheit enthält, daß der 5%-Ansatz sich an die 100%-Vergütung gemäß Vertrag anlehnt, was die Vergütung für Zusatzaufträge insoweit einschließt.

Der Gesetzestext enthält keine Einschränkungen, so daß mit der hier vertretenen Auffassung der 5%-Ansatz von der geschuldeten Gesamtvergütung zu ermitteln ist. Dies führt allerdings zu der Ungereimtheit, daß bei einer späten Vertragskündigung des Bestellers nach Abwicklung bereits umfangreicher Leistungen/Abschlagszahlungen auf die Vergütung möglicherweise eine Besserstellung des Unternehmers eintritt, dieser also über die Schadenspauschalierung besser gestellt wird, als wenn er den gesamten Vertrag ordnungsgemäß nach den ursprünglichen Vorgaben abgewickelt hätte. Diese Konsequenz muß der Gesetzgeber gekannt haben, so daß als Folge einer fehlenden Einschränkung im Wortlaut des § 648a Absatz 5 Satz 3 BGB der 5%-Ansatz in der Tat von der vollen vertraglich geschuldeten Vergütung inklusive der Vergütung etwaiger Zusatzaufträge zu berechnen ist[89].

---

[88] Bundestagsdrucksache 14/1246, S. 10.
[89] Vgl. zum Meinungsstand *Kniffka*, ZfBR 2000, 227 (237) m.w.N.

Der Pauschalansatz ist als Beweiserleichterung zugunsten des Unternehmers zu begreifen, mithin durch den Besteller widerleglich[90].

Voraussetzung für den Ersatzanspruch nach § 648a Absatz 5 BGB in der Neufassung ist, daß der Besteller im zeitlichen Zusammenhang mit einem Sicherheitsverlangen des Unternehmers kündigt.

Für einen solchen zeitlichen Zusammenhang wird es ausreichen, wenn zumindest das Sicherheitsverlangen des Unternehmers vor der Bestellerkündigung erfolgt ist und sodann eine entsprechende zeitliche Nähe der Kündigungserklärung zum Sicherheitsverlangen besteht.

3. Abdingbarkeit durch vertragliche Vereinbarungen

Mit Blick auf die Regelung in § 648a Absatz 7 BGB besteht keine Möglichkeit, die Neuregelung in § 648a BGB abzubedingen. Dies ist nicht einmal durch Individualvereinbarung möglich, wie der Gesetzgeber ausdrücklich festgelegt hat.

4. Inkrafttreten – Hinweise für die Praxis

Nach Artikel 2 bzw. dem neu eingefügten Artikel 229 in das EGBGB ist § 648a BGB grundsätzlich auf Verträge anwendbar, die ab dem 1.5.2000 geschlossen sind. § 648a Absatz 5 Satz 3 BGB soll auch auf vorher abgeschlossene Verträge anzuwenden sein, wie durch Artikel 229 Absatz 2 Satz 2 EGBGB klargestellt wird.

---

[90] Bundestagsdrucksache 14/1246, 10 (12) m.w.N.

VIII. § 27a AGBG Abschlagszahlungen beim Hausbau

> Das Bundesministeriums der Justiz wird ermächtigt, im Einvernehmen mit dem Bundesministerium für Wirtschaft und Technologie durch Rechtsverordnung, die der Zustimmung des Bundesrates nicht bedarf, auch unter Abweichung von § 632a des Bürgerlichen Gesetzbuches zu regeln, welche Abschlagszahlungen bei Werkverträgen verlangt werden können, die die Errichtung eines Hauses oder eines vergleichbaren Bauwerks zum Gegenstand haben, insbesondere wieviele Abschläge vereinbart werden können, welche erbrachten Gewerke hierbei mit welchen Prozentsätzen der Gesamtbausumme angesetzt werden können, welcher Abschlag für eine in dem Vertrag enthaltene Verpflichtung zur Beschaffung des Eigentums angesetzt werden kann und welche Sicherheit dem Besteller hierfür zu leisten ist.

1. Allgemeines

Mit dem neuen § 632a BGB ist als Novum das Element der Abschlagszahlung in das Leitbild des Werkvertragsrechts im BGB aufgenommen worden.

Mit dem eingefügten § 27a in das Gesetz zur Regelung der Allgemeinen Geschäftsbedingungen vom 9.12.1976[91] ist eine eigene Ermächtigungsgrundlage im Sinne des Artikel 80 Absatz 1 GG geschaffen worden, mit der das Bundesministerium für Wirtschaft und Technologie im Wege der Rechtsverordnung Abschlagszahlungen, insbesondere für Verträge zur Herstellung von Häusern, gesondert regeln kann.

Hinter der Neuregelung steht das Verständnis, daß insbesondere bei Verträgen über die Herstellung von Häusern eine differenzierte Ausgestaltung gesetzlich vorgegeben werden soll, deren Vorgaben nach Auffassung der Begründung des Rechtsausschusses zur Beschlußempfehlung nicht in das BGB passen[92].

Die Neuregelung hat der Gesetzgeber in dem Bewußtsein geschaffen, daß für einen Teilbereich dieser Verträge, nämlich für die sogenannten Bauträgerverträge schon in den §§ 3 und 7 der Makler- und Bauträgerverordnung[93]

---

[91] BGBl. I. 3317.
[92] Rechtsausschuß Bundestagsdrucksache 14/2752, 22.
[93] Verordnung über die Pflichten der Makler, Darlehens- und Anlagenvermittler, Bauträger und Baubetreuer (Makler- und Bauträgerverordnung) in der Fassung der Bekanntmachung vom 7. November 1990, BGBl. I S. 2479.

entsprechende Festlegungen enthalten sind. Diese Regelungen sollen nunmehr offenbar auf alle anderen Verträge über den Bau von Häusern ausgedehnt werden, wozu eine Ergänzung der bisherigen Ermächtigungsgrundlage erforderlich war.

Richtig ist, daß diese Ergänzung nicht analog der Ermächtigung für den Erlaß der Makler- und Bauträgerverordnung in die Gewerbeordnung übernommen werden konnte, weil sie eben gerade keinen gewerberechtlichen, sondern vielmehr rein zivilrechtlichen Inhalt hat. So hat sich der Gesetzgeber von dem inhaltlichen Zusammenhang mit der Kontrolle von Werkverträgen auf dem angesprochenen Segment leiten lassen und die entsprechende Ermächtigungsnorm in das AGB-Gesetz implantiert.

2. Erwartungen zur Ausübung der Ermächtigungsnorm

Die Ermächtigungsnorm des § 27a AGBG ist an den Inhalt der §§ 3 und 7 der Makler- und Bauträgerverordnung angelehnt. Zu erwarten steht, daß eine zu erlassende Rechtsverordnung diesem Modell folgen und in erster Linie festlegen wird, daß Abschlagszahlungen nur für abgeschlossene Gewerke verlangt werden können. Auch steht zu erwarten, daß als ergänzende Voraussetzung gefordert wird, daß diese Gewerke vertragsgemäß hergestellt wurden, anderenfalls dem Besteller Leistungsverweigerungsrechte im Sinne des § 320 BGB mit Wahrscheinlichkeit eingeräumt werden. Zu erwarten steht weiter, daß die Ermächtigungsnorm ausgeschöpft wird, d.h. entsprechende Regelungen mit Anwendung auf alle Hausbauverträge verabschiedet werden.

3. Inkrafttreten

Die Ermächtigungsnorm ist nach Artikel 3 des Gesetzes zur Beschleunigung fälliger Zahlungen mit dem Tage der Verkündung am 1.5.2000 in Kraft getreten, d.h. also der alsbaldige Erlaß entsprechender Rechtsverordnungen durch das Bundesministerium der Justiz im Einvernehmen mit dem Bundesministerium für Wirtschaft und Technologie ermöglicht.

IX. § 352 HGB Gesetzlicher Zinssatz

(1) Die Höhe der gesetzlichen Zinsen, **mit Ausnahme der Verzugszinsen** ist bei beiderseitigen Handelsgeschäften 5 vom Hundert für das Jahr. Das gleiche gilt, wenn für eine Schuld aus einem solchen Handelsgeschäft die Zinsen ohne Bestimmung des Zinsfußes versprochen sind.

(2) Ist in diesem Gesetzbuche die Verpflichtung zur Zahlung von Zinsen ohne Bestimmung der Höhe ausgesprochen, so sind darunter Zinsen zu 5 vom Hundert für das Jahr zu verstehen.

1. Allgemeines

Es handelt sich hier um eine Folgeregelung zur Änderung des § 288 BGB, die verhindern soll, daß die Zinsen nach den Bestimmungen des HGB Kaufleute schlechter stellt[94].

2. Zur Anwendung

Als Konsequenz aus der Erhöhung der Verzugszinsen in § 288 BGB wird nunmehr der gesetzliche Zinssatz bei Handelsgeschäften nach § 352 Absatz 1 Satz 1 HGB neu gefaßt. Nach der Neuregelung werden bei der Berechnung der gesetzlichen Zinsen bei beiderseitigen Handelsgeschäften in Zukunft die Verzugszinsen nicht mehr mit berücksichtigt, sondern stehen als Anspruchsnorm neben dem Zinsanspruch nach dem HGB. Im Ergebnis wird damit der Verzugszinssatz auch bei Handelsgeschäften nunmehr nach § 288 Absatz 1 BGB ermittelt. Bis zum Eintritt des Verzuges wird gegebenenfalls ein Zinsanspruch nach § 352 HGB in Betracht kommen.

3. Inkrafttreten

Die Regelung ist als Bestandteil des Artikel 2 Absatz 2 des Gesetzes zur Beschleunigung fälliger Zahlungen am 1.5.2000 in Kraft getreten. Nach Artikel 229 EGBGB soll § 352 HGB in der ab dem 1.5.2000 geltenden Fassung auch auf Forderungen anwendbar sein, die ihre schuldrechtliche Grundlage vor dem 1.5.2000 besitzen, jedoch von diesem Zeitpunkt an fällig werden.

---

[94] Begründung des Rechtsausschusses zur Beschlußempfehlung Bundestagsdrucksache 14/2752, 23.

X. § 301 ZPO Teilurteil

> (1) Ist von mehreren in einer Klage geltend gemachten Ansprüchen nur der eine oder ist nur ein Teil eines Anspruchs oder bei erhobener Widerklage nur die Klage oder die Widerklage zur Endentscheidung reif, so hat das Gericht sie durch Endurteil (Teilurteil) zu erlassen. **Über einen Teil eines einheitlichen Anspruchs, der nach Grund und Höhe streitig ist, kann durch Teilurteil nur entschieden werden, wenn zugleich ein Grundurteil über den restlichen Teil des Anspruchs ergeht.**
>
> (2) Der Erlaß eines Teilurteils kann unterbleiben, wenn es das Gericht nach Lage der Sache nicht für angemessen erachtet.

1. Allgemeines

Diese Änderung ist vom Rechtsausschuß ergänzt worden. Die neue gesetzliche Formulierung bekräftigt die bisherige Rechtsprechung, wonach über einen Teil eines einheitlichen Anspruchs nur dann ein Teilurteil ergehen kann, wenn die Gefahr widersprechender Entscheidungen ausgeschlossen ist[95].

Die Begründung des Rechtsausschusses enthält dazu lediglich die Bemerkung, wonach es wenig sinnvoll erscheint, diese Voraussetzung für den Erlaß eines Teilurteils zu ändern[96].

2. Prozessuale Auswirkungen

Die Rechtsprechung des Bundesgerichtshofs zum Erlaß eines Teilurteils bzw. zu den Voraussetzungen, unter denen ein Teilurteil ergehen kann, ist durchaus als restriktiv zu bezeichnen[97]. So ist es in diesem Zusammenhang nicht recht verständlich, daß im Zuge der intendierten Beschleunigung fälliger Zahlungen diese restriktive Rechtsprechung durch die gesetzliche Umsetzung noch gestärkt wurde. Mit der Neuformulierung wird in Bauprozessen ein Teilurteil über einen einheitlichen Anspruch praktisch noch seltener werden, denn häufig sind Abnahmefragen streitig bzw. Fragen der Fälligkeit des Anspruchs ins-

---

[95] BGH WM 2000, 380.
[96] Beschlußempfehlung des Rechtsausschusses Bundestagsdrucksache 14/2752, 23.
[97] Überblick bei *Zöller-Vollkommer*, § 301 Rn. 2ff., 8ff.

gesamt, so daß die Möglichkeit von Teilurteilen in Bauprozessen schon in der Vergangenheit kaum bestand. Daran wird sich auch in Zukunft nichts ändern.

3. Inkrafttreten

Gemäß Artikel 3 des Gesetzes zur Beschleunigung fälliger Zahlungen ist die Veränderung des § 301 Absatz 1 mit dem 1.5.2000 in Kraft getreten.

XI. § 302 ZPO Vorbehaltsurteil

(1) **Hat der Beklagte die Aufrechnung einer Gegenforderung geltend gemacht, so kann, wenn nur die Verhandlung über die Forderung zur Entscheidung reif ist, diese unter Vorbehalt der Entscheidung über die Aufrechnung ergehen.**

(2) Enthält das Urteil keinen Vorbehalt, so kann die Ergänzung des Urteils nach Vorschrift des § 321 beantragt werden.

(3) Das Urteil, das unter Vorbehalt der Entscheidung über die Aufrechnung ergeht, ist im Betreff der Rechtsmittel und der Zwangsvollstreckung als Endurteil anzusehen.

(4) In betreff der Aufrechnung, über welche die Entscheidung vorbehalten ist, bleibt der Rechtsstreit anhängig. Soweit sich in dem weiteren Verfahren ergibt, daß der Anspruch des Klägers unbegründet war, ist das frühere Urteil aufzuheben, der Kläger mit dem Anspruch abzuweisen und über die Kosten anderweit zu entscheiden. Der Kläger ist zum Ersatz des Schadens verpflichtet, aber dem Beklagten durch die Vollstreckung des Urteils oder durch eine zur Abwendung der Vollstreckung gemachte Leistung entstanden ist. Der Beklagte kann den Anspruch auf Schadensersatz in dem anhängigen Rechtsstreit geltend machen; wird der Anspruch geltend gemacht, so ist er als zur Zeit der Zahlung oder Leistung rechtshängig geworden anzusehen.

1. Allgemeines

Mit der Neuformulierung ist der Zusatz in § 302 Absatz 1 ZPO entfallen, wonach ein Vorbehaltsurteil dann nicht möglich war, wenn eine zur Aufrechnung gestellte Forderung mit der Klageforderung in einem rechtlichen Zusammenhang stand.

Die Neuregelung trägt der Tatsache Rechnung, daß in Werklohnprozessen der Mangeleinwand des Bestellers oftmals in der Einkleidung eines aufgerechneten Gegenanspruchs geltend gemacht wird. Der Gesetzgeber wollte hier die Möglichkeit eröffnen, zunächst über die Werklohnforderung an sich zu befinden und den Streit über die zur Aufrechnung gestellte und auf etwaigen Mängeln begründete Gegenforderung gesondert fortzuführen[98]. Mit

---

[98] Beschlußempfehlung des Rechtsausschusses Bundestagsdrucksache 14/2752, 23f.

XI. § 302 ZPO Vorbehaltsurteil B

der Veränderung des Textes in § 302 Absatz 1 ZPO ist nunmehr die Einschränkung entfallen, daß ein Vorbehaltsurteil nur dann ergehen darf, wenn die Gegenforderung mit der Klageforderung nicht in rechtlichem Zusammenhang steht.

2. Auswirkungen für die Rechtsanwendungspraxis

Mit dem Entfall der Einschränkung für den Erlaß eines Vorbehaltsurteils werden in der Praxis die Möglichkeiten erweitert, vorab über die Klageforderung zu entscheiden.

Eine Verpflichtung für die Gerichte, entsprechend vorzugehen, besteht nicht. Es liegt nach wie vor im freien Ermessen der Richterschaft, wann sie sich für einen derartigen Weg entscheidet. Hier wird die Anwendungspraxis der Gerichte Augenmaß erfordern, weil es in diesen Fällen letztendlich immer um die Beurteilung der Frage geht, ob dem Besteller zugemutet werden kann, für eine möglicherweise mangelhafte Leistung vorab Vergütung zu entrichten. Auch diese Änderung sollte letztlich nicht dazu führen, daß nunmehr unterschiedslos zunächst der Werklohn mit einem Vorbehaltsurteil ausgeurteilt wird und die Aufrechnung in etwaigen Nachverfahren mit erheblicher zeitlicher Verzögerung zur Entscheidungsreife geführt wird.

3. Inkrafttreten

Auch die Bestimmung des § 302 Absatz 1 ZPO in der Neufassung ist gemäß Artikel 3 des Gesetzes zur Beschleunigung fälliger Zahlungen am 1.5.2000 in Kraft getreten und gilt für alle anhängigen Rechtsstreite.

Kapitel C. Musterbriefe für Auftragnehmer, Auftraggeber und Sachverständige

I. Vorbemerkungen

Einleitend ist hervorzuheben, daß die nachstehend aufgeführten Musterbriefe vom „Normalfall" der jeweiligen Situation ausgehen. Insoweit verstehen sich die Muster als im konkreten Fall fortzuentwickelnde Arbeitsgrundlage ohne konkrete Verwendungsempfehlung. Die Musterbriefe enthalten daher lediglich allgemeine Hinweise, die der angesprochenen Personengruppe (Auftragnehmer oder Auftraggeber oder Sachverständige) einen Einstieg bieten, um den jeweiligen konkret zu fertigenden Brief abzufassen.

Die Nutzer der Briefentwürfe dürfen daher nicht schematisch die Muster übernehmen, sondern müssen jeweils im Einzelfall prüfen, welche Formulierung einschlägig ist. Gegebenenfalls sind Passagen zu ergänzen, die die Besonderheiten des konkret zu bearbeitenden Sachverhalts berücksichtigen; andererseits können auch Passagen wegfallen, sofern dies sinnvoll ist. Die Verwendung der Muster bedingt daher stets die sorgfältige Prüfung, ob der jeweilige Musterbrief den konkreten Anforderungen genügt, aber auch die Verfolgung der Rechtsprechung zur Anwendung der Bestimmungen.

Vor diesem Hintergrund sollen die Musterbriefe vor allem dazu dienen, daß sich der Nutzer mit den konkreten Erfordernissen, die sich aus dem neuen Gesetz zur Beschleunigung fälliger Zahlungen, aber auch schon aus bestehenden Regelungen der VOB/B und den gesetzlichen Grundlagen (BGB) ergeben, erleichtert auseinandersetzen kann.

Bei der Fertigung eines Briefes auf der Grundlage nachstehender Muster sollte auch Sorgfalt auf die exakte Beachtung der Formalien verwendet werden. So ist darauf zu achten, daß jeweils der Betreff genau formuliert wird: Es muß klar ersichtlich sein, welche Vertragsbeziehung für welches Bauvorhaben betroffen ist; gegebenenfalls empfiehlt es sich, die Auftragsnummer beziehungsweise das Datum des Auftrages, gegebenenfalls ergänzt um ein Schlagwort zur Kennzeichnung des konkreten Anliegens, hinzuzusetzen.

Insbesondere bei Bauvorhaben, bei denen etwa auf Auftraggeberseite verschiedene Funktionsträger mehr oder weniger eindeutig für den Auftraggeber korrespondieren (z.B. Architekten, Projektsteuerer, Objektüberwacher), ist sorgfältig darauf zu achten, daß der zutreffende Adressat angeschrieben wird. Verbindliche Auskunft hierüber gibt der jeweilige Bauwerkvertrag, aus dem sich entnehmen läßt, wer der richtige Vertragspartner ist beziehungsweise wer zur Vertretung bevollmächtigt ist.

Der jeweiligen Lebenssachverhalt muß genau beschrieben werden, um die spätere Beweisbarkeit zu erleichtern. Generell wird empfohlen, einen Zugangsnachweis sicherzustellen.

Bei der Unterzeichnung der Briefe ist darauf zu achten, daß Vertretungsregelungen beachtet werden. Soweit die Musterbriefe rechtsgeschäftliche Willenserklärungen beinhalten, ist sicherzustellen, daß diese Schreiben von ausdrücklich unterzeichnungs- beziehungsweise vertretungsberechtigten Personen des Unternehmens (Geschäftsinhaber, Vorstand/Geschäftsführung, Prokuristen oder Handlungsbevollmächtigte sowie gegebenenfalls Spezialbevollmächtigte) unterzeichnet werden.

II. Musterbriefe für Unternehmer

1. Fristsetzung zur Durchführung der Abnahme gemäß § 640 Absatz 1 BGB

Der neue Satz 2 a) des § 640 Absatz 1 BGB bestimmt, daß wegen unwesentlicher Mängel[1] die Abnahme nicht verweigert werden kann; der Abnahme steht es gleich, wenn der Besteller das Werk nicht innerhalb einer ihm vom Unternehmer bestimmten angemessenen Frist abnimmt, obwohl er dazu verpflichtet ist. Das nachfolgende Muster bezieht sich daher auf diese vom Unternehmer an den Besteller zu setzende angemessene Frist und ist für die Nutzung auf Briefbogen des Unternehmers gedacht.

Übergabeeinschreiben/Rückschein

An den Auftraggeber *(bitte genaue Bezeichnung und Anschrift einsetzen)*

vorab per Telefax: ... *(bitte zutreffende Nummer einsetzen)*

Ort, Datum

Betreff: Bauvorhaben ...
Werkvertrag-Nr.: ... vom: ... *(bitte Zutreffendes einsetzen)*
Hier: Fristsetzung zur Abnahme gemäß § 640 Absatz 1 Satz 2 a) BGB

Sehr geehrte Damen und Herren,

bekanntlich hatten wir Ihnen mitgeteilt, daß die Leistungen am vorgenannten Bauvorhaben durch uns mangelfrei fertiggestellt sind. Zur Vermeidung von Wiederholungen nehmen wir Bezug auf unsere Fertigstellungsanzeige vom ... *(bitte zutreffendes Datum einsetzen)*.

Die Abnahme ist bisher zu Unrecht unterblieben/wird von Ihnen zu Unrecht verweigert *(bitte Nichtzutreffendes streichen)*. Wir machen darauf aufmerksam, daß nach § 640 Absatz 1 Satz 2 a) BGB wegen unwesentlicher

---

[1] Zum Merkmal der Wesentlichkeit siehe die Ausführungen in Kapitel B-IV, § 640, Anm. 2.

Mängel die Abnahme nicht verweigert werden darf. Wesentliche Mängel unserer Werkleistung liegen nicht vor; dies werden wir gegebenenfalls mit sachverständiger Hilfe nachweisen können.

Wir setzen Ihnen daher eine angemessene Frist zur Durchführung der Abnahme im Sinne des § 640 Absatz 1 Satz 2 a) BGB bis zum

....

(bitte konkretes, kalendermäßig bestimmtes Datum einfügen; in Orientierung an § 12 Nr. 1 VOB/B kann an eine Frist von ca. 12 Werktagen ab Zugang der Fristsetzung beim Besteller gedacht werden).

Sollte die Abnahme nunmehr nicht fristgerecht erfolgen, gelten unsere Leistungen gemäß § 640 Absatz 1 BGB gleichwohl als abgenommen.

Mit freundlichen Grüßen

Rechtsverbindliche Unterschrift

II. Musterbriefe für Unternehmer

2. Muster zur Einleitung des Sachverständigenverfahrens gemäß § 641a Absatz 2 BGB *im Einvernehmen mit dem Besteller* (Bestätigung der Einigung mit Quittungsvermerk des Bestellers)

Der neue § 641a BGB regelt die Modalitäten der sogenannten Fertigstellungsbescheinigung, also der von einem Gutachter erteilten Bescheinigung darüber, daß das versprochene Werk hergestellt und frei von Mängeln ist, die der Besteller gegenüber dem Gutachter behauptet hat oder die für den Gutachter bei einer Besichtigung feststellbar sind. Gemäß § 641a Absatz 2 Nr. 1 BGB kann Gutachter ein Sachverständiger sein, auf den sich Unternehmer und Besteller verständigt haben. Für diesen Fall ist das nachfolgende Muster als Hilfe gedacht, wobei nicht verkannt wird, daß dann, wenn die Abnahme zwischen den Beteiligten streitig ist, eine einvernehmliche Einigung auf einen Gutachter mit Schwierigkeiten verbunden sein kann.

Die Bestellung des Sachverständigen beziehungsweise ein entsprechender Vertrag mit dem Gutachter werden mit gesonderten Mustern (C II 4 und II 5./IV 3) dargestellt.

Der Sachverständige wird nach § 641a Absatz 2 Satz 2 BGB vom Unternehmer beauftragt, so daß der Unternehmer den Sachverständigen auch zu vergüten hat. Der Vergütungsanspruch des Sachverständigen besteht aufgrund des Vertragsverhältnisses ausschließlich gegenüber dem Unternehmer. Dies schließt nicht aus, daß der Besteller im Innenverhältnis zum Unternehmer zur Übernahme der Kosten verpflichtet sein kann, wenn er z.B. mit der Abnahme oder der Zahlung des Werklohnes in Verzug ist, die entsprechenden Handlungen also schuldhaft nicht vornimmt.

Über die Höhe der Vergütung des Sachverständigen trifft das neue Gesetz zur Beschleunigung fälliger Zahlungen keine Regelungen, so daß der Sachverständige Berechnungsmodus und Umfang seiner Vergütung bei Abschluß des Vertrages frei vereinbaren kann. Eine Gebührenordnung liegt für die neue Sachverständigentätigkeit nicht vor.

An den Auftraggeber *(genaue Bezeichnung laut Werkvertrag)*

Vorab per Telefax: ...

Ort, Datum

Betreff: Bauvorhaben....
   Werkvertrag-Nr.: ... vom: ...
   Hier: Einleitung eines Sachverständigensverfahrens gemäß § 641a Absatz 2 Nr. 1 BGB

Sehr geehrte Damen und Herren,

wir hatten mit Schreiben vom ... *(bitte zutreffendes Datum einsetzen)* unsere Leistungen als mangelfrei erstellt fertig gemeldet und die Abnahme beantragt. Ihr Haus verweigert die Abnahme mit der Begründung, unser Werk weise zahlreiche Mängel auf, die eine Abnahme nicht zulassen/hat die Abnahme nicht durchgeführt *(bitte Nichtzutreffendes streichen)*.

Gemäß § 641a BGB kann die Abnahme durch eine Fertigstellungsbescheinigung eines Gutachters ersetzt werden. Gutachter kann ein Sachverständiger sein, auf den sich Unternehmer und Besteller verständigt haben.

Vor diesem Hintergrund sind wir der Auffassung, daß unsere Häuser mit Blick auf die konstruktive weitere Abwicklung des Vertragsverhältnisses einvernehmlich einen Gutachter benennen sollten, der die Fertigstellungsbescheinigung ausstellt. Wir schlagen Ihnen daher als Gutachter vor:

Frau/Herrn ...

(bitte zutreffenden Namen/Büro nebst kompletter Anschrift und den zuständigen Sachbearbeiter/Sachbearbeiterin einsetzen)

Zum Zeichen Ihres Einverständnisses mit unserem Vorschlag wollen Sie uns bitte das beigefügte Doppel dieses Schreibens mit Ihrer Unterschrift versehen zurücksenden; wir werden sodann den Gutachter einschalten.

Um diesbezügliche Rückantwort bitten wir, im Interesse der Verfahrensbeschleunigung, bis zum

....

(bitte angemessene Frist einsetzen; für die Abgabe der Erklärung erscheint eine Frist von maximal fünf Werktagen als angemessen)

Wir weisen darauf hin, daß für den Fall, daß eine Einigung auf den von uns vorgeschlagenen Sachverständigen oder einen von Ihnen benannten Sachverständigen als Gutachter nicht zustande kommen sollte, wir unsererseits einen Antrag an die zuständige Stelle auf Benennung eines geeigneten Sachverständigen stellen werden. Wir gehen davon aus, daß die beschleunigte Abwicklung auch in Ihrem Interesse liegt und verbleiben

mit freundlichen Grüßen

Rechtsverbindliche Unterschrift Unternehmer

II. Musterbriefe für Unternehmer

Einverstanden:

Ort, Datum...
Rechtsverbindliche Unterschrift Besteller

Alternativ: kann der Entwurf **nach der Einleitung** wie folgt fortgesetzt werden:

Wir hatten uns bereits – (fern-)mündlich anläßlich einer Besprechung vom... (gegebenenfalls zutreffendes Datum einsetzen) – darauf geeinigt, daß

Frau/Herr ...

(bitte vollständige Benennung und Anschrift einsetzen)

mit der Begutachtung und Erstellung einer Fertigstellungsbescheinigung beauftragt werden soll.

Der guten Ordnung halber halten wir die getroffene Absprache noch einmal fest und bitten Sie, zum Zeichen Ihres Einverständnisses, das anliegende Doppel unterzeichnet als Bestätigung unserer Einigung kurzfristig zurückzureichen.

Mit freundlichen Grüßen

Rechtsverbindliche Unterschrift

Einverstanden:

Ort, Datum ...

Rechtsverbindliche Unterschrift Besteller

3. Antrag auf Bestimmung eines öffentlich-bestellten und vereidigten Sachverständigen durch eine zuständige Kammer

Sofern sich die Parteien nicht auf einen Sachverständigen einigen können, kann der Unternehmer gemäß § 641a Absatz 2 Nr. 2 BGB die Bestimmung eines öffentlich-bestellten und vereidigten Sachverständigen durch eine Industrie- und Handelskammer, eine Handwerkskammer, eine Architektenkammer oder eine Ingenieurkammer beantragen. Hierauf bezieht sich das folgende Muster.

Welche der genannten Kammern anzurufen ist, obliegt der Auswahl des Unternehmers.

Das nachfolgende Muster betrifft das Ersuchen eines Bauunternehmers, der ein Bauwerk fertiggestellt hat und beispielsweise die Industrie- und Handelskammer (oder eine Handwerkskammer) ansprechen wird:

An die
Industrie- und Handelskammer
... *(bitte zutreffende, für den Bezirk des Bauwerks zuständige Industrie- und Handelskammer mit vollständiger Adresse benennen)*

Ort, Datum ...

Betreff: Antrag auf Bestellung eines Sachverständigen für eine Fertigstellungsbescheinigung nach § 641a BGB

Sehr geehrte Damen und Herren,

wir wurden von/vom ... *(bitte zutreffende Angaben des Bestellers einsetzen)* beauftragt, an dem Bauvorhaben ... *(bitte genaue Bezeichnung des Bauvorhabens einsetzen)* folgende Leistungen zu erbringen: ... *(bitte Bezeichnung der Bauleistung beziehungsweise kurze Aufzählung von einzelnen Gewerken, sofern nicht die gesamte Baumaßnahme beauftragt war).*

Unsere Leistungen sind seit dem ... *(bitte zutreffendes Datum einsetzen)* fertiggestellt. Gleichwohl verweigert der/die ... *(Unternehmen oder Name des Bestellers einsetzen)* die Abnahme unseres Werkes, wobei der Besteller aus unserer Sicht unzutreffend Mängel einwendet, die der Abnahme angeblich entgegenstehen./Gleichwohl ist die Abnahme trotz Aufforderung unterblieben *(bitte Nichtzutreffendes streichen).*

Gemäß § 641a BGB möchten wir daher die Fertigstellungsbescheinigung eines Sachverständigen erlangen.

Wir beantragen gemäß § 641 a Absatz 2 Nr. 2 BGB hiermit förmlich, daß die Industrie- und Handelskammer ... *(bitte zutreffenden Ort einsetzen)* einen für vorgenannte Bauleistungen kompetenten öffentlich-bestellten und vereidigten Sachverständigen als Gutachter zur Erteilung der Fertigstellungsbescheinigung bestimmt.

Mit Blick auf unsere ausstehende Vergütung sind wir für die kurzfristige Gutachterbestimmung/Rückäußerung dankbar, um der Sache beschleunigten Fortgang geben zu können.

Mit freundlichen Grüßen

Rechtsverbindliche Unterschrift

4. Erste Kontaktaufnahme mit dem Sachverständigen (Einholung eines Angebotes)

Nachdem sich die Parteien auf einen Sachverständigen verständigt haben beziehungsweise nachdem die zuständige Kammer einen oder mehrere in Betracht kommende Sachverständige benannt hat, sollte der Unternehmer, bevor er den Sachverständigen endgültig beauftragt, zunächst die Erkundigung einholen, ob der Sachverständige bereit ist, den Auftrag auszuführen. Insbesondere ist weiterhin festzustellen, ob der Sachverständige im Sinne des § 641 Absatz 2 Satz 3 BGB unparteiisch den Auftrag durchführen kann, was etwa dann nicht der Fall ist, wenn der Sachverständige an dem vorhandenen Bauwerk in anderer Funktion bereits tätig war oder etwa in dauernder Geschäftsbeziehung zu einem der Beteiligten (Unternehmer oder Besteller) steht. Schließlich ist der Sachverständige zugleich aufzufordern, ein Angebot abzugeben, damit der Unternehmer vor der Beauftragung bereits über die Kosten, die die Begutachtung nach sich zieht, orientiert ist.

Insoweit kann folgendes Muster in Betracht kommen:

Frau/Herrn ...
(bitte Namen und Adresse des Sachverständigen einsetzen)

Ort/Datum ...

Betreff: Fertigstellungsbescheinigung gemäß § 641a BGB

Sehr geehrte/r Frau/Herr ...,

für das Bauvorhaben ... *(bitte genaue Bezeichnung einsetzten)* benötigen wir eine Fertigstellungsbescheinigung gemäß § 641a BGB, da unser Auftraggeber ... *(bitte zutreffende Angaben zum Besteller einsetzen)* derzeit die Abnahme pflichtwidrig unterläßt/unter Berufung auf Mängel verweigert *(bitte Nichtzutreffendes streichen)*. Es handelt sich dabei um folgende angebliche Mängel:

....

(bitte schlagwortartig die behaupteten Mängel skizzieren, damit der Sachverständige abschätzen kann, ob die Begutachtung in seinen Kompetenzbereich fällt)

Unser Auftraggeber und wir haben uns darauf verständigt, Sie mit der Erstellung einer Fertigstellungsbescheinigung zu beauftragen, falls Sie hierzu bereit sind.

Alternativ:

Sie wurden von der ...-kammer ... *(bitte zuständige Kammer genau bezeichnen)* als Sachverständiger für die Erteilung der Fertigstellungsbescheinigung bestimmt.

Wir bitten daher um Mitteilung, ob Sie die Begutachtung unparteiisch im Sinne des § 641a Absatz 2 Satz 3 BGB durchführen können und die Begutachtung in Ihren Kompetenzbereich fällt.

Wir bitten Sie weiterhin, uns ein Angebot über die Durchführung des Gutachterauftrages zu übermitteln und zugleich zu erklären, daß Sie grundsätzlich bereit sind, den Auftrag auszuführen.

Mit Blick auf unsere ausstehende Vergütung bitten wir um eine möglichst kurzfristige Rückäußerung und verbleiben

mit freundlichen Grüßen

Rechtsverbindliche Unterschrift

5. Beauftragung eines Sachverständigen

Sobald sich der Unternehmer und der Besteller auf die Person eines Gutachters geeinigt haben (§ 641a Absatz 2 Nr. 1 BGB) beziehungsweise nachdem der öffentlich-bestellte und vereidigte Sachverständige bestimmt worden ist (§ 641a Absatz 2 Nr. 2 BGB), wird der Gutachter vom Unternehmer beauftragt (§ 641a Absatz 2 Satz 2 BGB). Hierauf bezieht sich das nachfolgende Muster.

Letztlich kommt mit dem Sachverständigen ein Werkvertrag zustande, der für beide Parteien, also den Unternehmer als Auftraggeber in diesem Vertragsverhältnis und den Gutachter als Auftragnehmer in diesem Vertragsverhältnis, eigene Rechte und Pflichten begründet. Der Sachverständige wird daher möglicherweise geneigt sein, es nicht bei der Bestätigung eines Auftragsschreibens gemäß nachfolgendem Muster zu belassen, sondern wird den Abschluß eines entsprechenden förmlichen Vertrages, der die Rechte und Pflichten der Vertragsparteien ausdrücklich regelt, vorziehen. Aus diesem Grunde findet sich in diesem Kapitel auch das Muster eines entsprechenden Vertrages (C-IV.3).

Ungeachtet dessen reicht es jedoch für die Beauftragung des Sachverständigen, wenn dieser auf der Grundlage eines Angebotes beauftragt und tätig wird.

Nach § 641a Absatz 3 BGB benötigt der Gutachter zu seiner Beurteilung, ob das Werk frei von Mängeln ist, den schriftlichen Vertrag sowie Änderungen dieses Vertrages, wenn sie schriftlich vereinbart sind oder übereinstimmend gegenüber dem Gutachter vorgebracht werden. Der Unternehmer, der den Gutachter beauftragt, ist nach § 641a Absatz 3 BGB verpflichtet, dem Gutachter die entsprechenden Unterlagen zur Verfügung zu stellen. Das Muster beinhaltet daher bereits den Passus, daß die entsprechenden Unterlagen mit dem Beauftragungsschreiben überreicht werden.

Weiterhin sieht die neue Regelung vor, daß der Gutachter sich nur zu solchen Mängeln äußert, die bis zum Abschluß der Besichtigung vorgebracht werden. Es empfiehlt sich daher, dem Gutachter zugleich mitzuteilen, welche Mängel der Besteller bereits zum Beauftragungszeitpunkt aktuell rügt.

Schließlich kann der Gutachter bereits mit der Beauftragung aufgefordert werden, die Bescheinigung entsprechend der gesetzlichen Vermutung, daß das zu untersuchende Werk vertragsgemäß hergestellt worden ist, zu erteilen, wenn der Besteller eine Untersuchung des Werkes oder von Teilen desselben durch den Gutachter nicht gestatten sollte (§ 641a Absatz 4 BGB). Auch dies ist im nachfolgenden Muster berücksichtigt.

II. Musterbriefe für Unternehmer **C**

Frau/Herrn ...
(bitte Namen und Adresse der/des Sachverständigen einsetzen)

Ort/Datum

Betreff: Fertigstellungsbescheinigung gemäß § 641a BGB
Ihr Angebot vom ...

Sehr geehrte/r Frau/Herr ...,

wir beauftragen Sie mit der Erstellung einer Fertigstellungsbescheinigung gemäß § 641a BGB für das Bauvorhaben ... *(bitte genaue Adresse einsetzen)* gemäß Ihrem Angebot vom ...

Sofern das Muster C–2.4 (erste Kontaktaufnahme mit dem Gutachter) verwendet wurde:

Auf unser Schreiben vom ... *(bitte zutreffendes Datum einsetzen)* nehmen wir insoweit ergänzend Bezug.

Wir wurden von der/dem ... *(bitte zutreffendes Unternehmen unter vollständiger Nennung, Filiale, Adresse etc. angeben)* beauftragt, an dem vorbezeichneten Bauvorhaben folgende Arbeiten auszuführen: ... *(bitte die zutreffenden Arbeiten beziehungsweise Einzelgewerke, die beauftragt wurden, einsetzen).*

Das Werk ist seit dem ... *(bitte zutreffendes Datum einsetzen)* fertiggestellt. Gleichwohl ist die Abnahme pflichtwidrig unterblieben/verweigert unser Auftraggeber die Abnahme mit der Behauptung, das Werk weise wesentliche Mängel auf *(bitte Nichtzutreffendes streichen).*

Da zwischen dem Besteller und unserem Hause über die Abnahme/Mangelfreiheit bislang keine Einigung herbeizuführen war, ist die Durchführung des Verfahrens gemäß § 641a BGB erforderlich.

Im Falle des § 641a Absatz 2 Nr. 1 (einvernehmliche Festlegung auf einen Sachverständigen):

Unser Auftraggeber und wir haben uns darauf geeinigt, Sie mit der Erstellung der erforderlichen Fertigstellungsbescheinigung zu beauftragen.

Im Falle des § 641a Absatz 2 Nr. 2 (Benennung durch Kammer):

Sie sind durch die zuständige Industrie- und Handels-/Handwerks-/Architekten-/Ingenieurkammer *(bitte Nichtzutreffendes streichen und die zuständige Kammer einsetzen)* gemäß Schreiben vom ... als Gutachter bestimmt worden *(Anlage: Gutachterbestimmung durch zuständige Stelle).*

Beigefügt erhalten Sie des weiteren zur Beurteilung, ob das Werk frei von Mängeln ist, den mit unserem Auftraggeber abgeschlossenen schriftlichen Bauwerkvertrag sowie die hierzu schriftlich vereinbarten Änderungen und Nachträge, jeweils in Kopie.

Unser Auftraggeber wendet als Besteller derzeit folgende Mängel ein:

....

(Es folgt nun die Aufzählung der Mängel, die der Besteller rügt, wobei die Mängel möglichst präzise beschrieben sein sollen.)

Bereits jetzt beantragen wir, die Fertigstellungsbescheinigung gemäß § 641a Nr. 4 BGB zu erteilen, wenn unser Auftraggeber die Untersuchung der Werkes oder von Teilen desselben durch den Gutachter verweigern sollte.

Einer entsprechenden Bestätigung und alsbaldigen Veranlassung sehen wir entgegen und verbleiben

mit freundlichen Grüßen

Rechtsverbindliche Unterschrift

Anlagen

III. Musterbriefe für den Auftraggeber/Besteller

Nachdem die vorangegangenen Muster aus der Betrachtungsweise des Unternehmers die vom Gesetz zur Beschleunigung fälliger Zahlungen vorgesehenen Instrumente beinhalten, sollen nachfolgend ausgewählte Situationen aus Sicht des Bestellers des Werkes dargestellt werden. Insbesondere, wenn das Werk nicht nur unwesentliche Mängel aufweist, ist – und war – der Besteller berechtigt, die Abnahme der Werkes zu verweigern.

Das Gesetz zur Beschleunigung fälliger Zahlungen trägt weiterhin dem Interesse des Auftraggebers Rechnung, in dem § 641 Absatz 3 BGB bestimmt, daß im Falle der Mangelbeseitigung ein Zurückbehaltungsrecht geltend gemacht werden kann, das – nach der Abnahme – die Zahlung eines angemessenen Teils der Vergütung, mindestens in Höhe des Dreifachen der für die Beseitigung des Mangels erforderlichen Kosten, betrifft.

Diese beiden zentralen Punkte, die die Position des Auftraggebers stärken, sind Gegenstand der nachfolgenden Muster.

1. Abnahmeverweigerungserklärung

Nach § 640 Absatz 1 Satz 2 BGB kann die Abnahme wegen unwesentlicher Mängel nicht verweigert werden. Daraus folgt im Umkehrschluß, daß die Abnahme jedenfalls dann verweigert werden kann, wenn das Werk wesentliche Mängel aufweist[2]. Dies entspricht auch der Regelung des § 12 Nr. 3 VOB/B.

Weist demnach das Werk wesentliche Mängel auf, bringt die Abnahmeverweigerung zum Ausdruck, daß die angebotene Leistung nicht als Erfüllung angenommen wird. Letztlich bedarf die ausdrücklich erklärte Abnahmeverweigerung keiner näheren Begründung; eine objektiv berechtigte Abnahmeverweigerung hindert ebenfalls den Eintritt der Abnahmewirkungen[3]. Zu beachten ist weiterhin, daß die Abnahmeverweigerung grundsätzlich keiner bestimmten Form bedarf, soweit nicht die Parteien die Einhaltung einer bestimmten Form im Vertrag ausdrücklich bestimmt haben. Auch insoweit sind daher möglicherweise vorrangige vertragliche Vereinbarungen besonders zu berücksichtigen.

Auch ist – insoweit unter Wiederholung der Anmerkungen in der Einleitung zu diesem Kapitel – noch einmal darauf hinzuweisen, daß die übliche

---

[2] Zum Merkmal der Wesentlichkeit s. die Ausführungen in Kapitel B IV. § 640 Anmerkung 2.
[3] *Kleine-Möller/Merl/Oelmaier*, § 11, Rn. 127 ff.

Architektenvollmacht noch keine Vollmacht zur rechtsgeschäftlichen Abnahme beziehungsweise Abnahmeverweigerung bietet. Der Besteller sollte somit darauf achten, daß eine Abnahmeverweigerung nur durch ihn beziehungsweise von ihm ausdrücklich bevollmächtigte Personen erklärt beziehungsweise verweigert wird. Anderenfalls läuft er trotz fehlender Vollmacht Gefahr, daß insbesondere, wenn Architekten die Bauausführung intensiv begleitet haben, eine Abnahmeverweigerung beziehungsweise Abnahmeerklärung durch unberechtigte Dritte nach den Grundsätzen der Anscheins- und Duldungsvollmacht dennoch ihm zugerechnet wird.

Per Einschreiben/Rückschein

An den Unternehmer
(bitte zutreffende Firma und Adresse einsetzen)

Vorab per Telefax: ... *(bitte zutreffende Nummer einsetzen)*

Ort/Datum ...

Betreff: Bauvorhaben *(bitte genaue Angabe)*
       Hier: Abnahme der Leistungen gemäß Vertrag vom ...

Sehr geehrte Damen und Herren,

Sie haben uns aufgefordert, die von Ihnen fertiggemeldeten Leistungen abzunehmen.

Anläßlich einer Baustellenbegehung am ... *(bitte zutreffendes Datum einsetzen)* mußten wir feststellen, daß Ihre Bauleistungen mit erheblichen und nicht nur unwesentlichen Mängeln behaftet und damit nicht abnahmefähig sind.

Auf das Begehungsprotokoll vom ... *(bitte als Anlage beifügen)* wird zur Vermeidung von Wiederholungen Bezug genommen.

Gemäß § 640 Absatz 1 Satz 2 BGB/§ 12 Nr. 3 VOB/B *(soweit vereinbart)* erklären wir daher, daß wir die Abnahme Ihres Werkes verweigern.

III. Musterbriefe für den Auftraggeber/Besteller C

Sofern nicht bereits erfolgt:

Zur Abarbeitung der im Abnahmeprotokoll aufgeführten Mängel setzten wir Ihnen eine Frist bis zum

....

(bitte angemessene Nachfrist unter Berücksichtigung der noch auszuführenden Arbeiten einsetzen).

Wir weisen darauf hin, daß Sie nach wie vor zur Erfüllung nach § 631 BGB verpflichtet sind und erwarten die pflichtgemäße Bearbeitung.

Mit freundlichen Grüßen

Rechtsverbindliche Unterschrift

Anlage

2. Geltendmachung eines Zurückbehaltungsrechts gemäß § 641 Absatz 3 BGB

§ 641 Absatz 3 BGB stärkt die Stellung des Bestellers, indem der bislang in der Rechtsprechung bereits anerkannte „Druckzuschlag" ausdrücklich festgelegt wird. Demnach kann der Besteller nach der Abnahme die Zahlung eines angemessenen Teils der Vergütung verweigern, mindestens in Höhe des Dreifachen der für die Beseitigung des Mangels erforderlichen Kosten, wenn der Besteller die Beseitigung des Mangels verlangen kann[4]. Hierauf bezieht sich das folgende Muster:

Per Einschreiben/Rückschein

An den Unternehmer
(bitte zutreffende Firma und Adresse einsetzen)

Vorab per Telefax: ... *(bitte zutreffende Nummer einsetzen)*

Ort/Datum ...

Betreff: Bauvorhaben *(bitte genaue Angabe)*
       Hier: Geltendmachung eines Zurückbehaltungsrechtes

Sehr geehrte Damen und Herren,

mit Ihrer Rechnung Nr. ... vom ... *(bitte zutreffende Daten ergänzen)* begehren Sie eine Schlußzahlung über DM ... *(bitte zutreffenden Betrag einsetzen).*

Nach der Abnahme haben sich an den von Ihnen erbrachten Leistungen folgende Mängel gezeigt: ...

(bitte Mängel unter möglichst präziser Bezeichnung aufführen)

Gemäß § 641 Absatz 3 BGB können wir deshalb im Wege des Zurückbehaltungsrechtes die Zahlung eines angemessenen Teils der Vergütung, mindestens in Höhe des Dreifachen der für die Beseitigung des Mangels erforderlichen Kosten, verweigern.

---

[4] Näheres Kapitel B-V.3.

Der geschätzte Mangelbeseitigungsaufwand für die vorstehend gerügten Mängel beläuft sich auf ca. DM ... *(ungefähren Schätzbetrag einfügen)*. Unter Berücksichtigung des gesetzlichen Druckzuschlages um den Faktor 3 ergibt sich somit ein Betrag von DM *(bitte zutreffende Summe einsetzen)*, der gemäß § 641 Absatz 3 BGB von uns bis zur Beseitigung der Mängel zurückbehalten wird.

Mit freundlichen Grüßen

Rechtsverbindliche Unterschrift

IV. Musterbriefe für den Sachverständigen

Auch der Sachverständige, der mit der Fertigstellungsbescheinigung beauftragt wird, wird in die Lage kommen, standardisierte Musterbriefe oder einen Vertrag zur Erstellung der Fertigstellungsbescheinigung zu verwenden. Für die derzeit ersichtlichen Standardsituationen sind daher folgende Muster zusammengestellt:

1. Angebotsabgabe

Unter C-II-4 wurde ein Muster eines Schreibens des Unternehmers vorgestellt, mit dem dieser den Sachverständigen zur Abgabe eines Angebotes hinsichtlich eines Gutachtenauftrages bittet. Das nachfolgende Muster soll eine mögliche Antwort des Sachverständigen auf diese erste Kontaktaufnahme durch den Unternehmer darstellen.

Sollte bereits Einigkeit darüber bestehen, daß der Sachverständige in jedem Fall beauftragt wird, gelten ohne weiteres die nachfolgend unter C-IV-2 u. IV-3 aufgeführten Muster.

> An den Unternehmer
> *(bitte zutreffende Firmenbezeichnung beziehungsweise Namensbezeichnung im Falle eines Einzelauftraggebers sowie Adresse einfügen)*
>
> Vorab per Telefax: ... *(bitte zutreffende Nummer einsetzen)*
>
> Ort/Datum ...
>
> Betreff: Gutachterauftrag: Fertigstellungsbescheinigung gemäß § 641a BGB für das Bauvorhaben ... *(bitte zutreffendes Bauvorhaben einsetzen)*
>
> Sehr geehrte/r Frau/Herr ...,
> sehr geehrte Damen und Herren,
>
> unter Bezugnahme auf Ihr Angebotsschreiben vom ... *(bitte zutreffendes Datum einsetzen)* teile ich Ihnen zunächst mit, daß die angefragte Begutachtung in meinen Kompetenzbereich fällt.

IV. Musterbriefe für den Sachverständigen   C

Weiterhin kann die Begutachtung unparteiisch im Sinne des § 641a Absatz 2 Satz 3 BGB erfolgen. Für die Durchführung des Auftrages unterbreite ich Ihnen nachfolgend wunschgemäß mein Angebot:

....

(Es folgen jetzt die Vergütungsvorschläge des Sachverständigen, wobei dieser an keine Gebührenordnung gebunden ist[5]. Das Angebot sollte dabei die ungefähre Leistungsbeschreibung, Vergütungssätze, Regelung zu Reisekosten/Spesen und etwaige Haftungsbeschränkungen enthalten, des weiteren eine Regelung zur Umsatzsteuerlast treffen.)

Mit freundlichen Grüßen

Rechtsverbindliche Unterschrift

---

[5] Siehe hierzu die Anmerkungen zu Muster C-II.2

2. Bestätigung des erteilten Gutachterauftrages mit Anforderung gegebenenfalls ergänzender Unterlagen nach § 641a Absatz 3 BGB

Auf das unter C-II.5 dargestellte Muster eines Beauftragungsschreibens wird der Sachverständige den Gutachtenauftrag ausführen. Dabei sollte der Sachverständige mit Blick auf § 641a Nr. 3 BGB zunächst fehlende Unterlagen anfordern, die der Unternehmer seinem Schreiben an den Gutachter etwa noch nicht beigefügt hat. Hierzu soll das nachfolgende Muster dienen.

Abgesehen davon ist, worauf hingewiesen wurde, zu berücksichtigen, daß durch die Beauftragung seitens des Unternehmers ein eigenes Werkvertragsverhältnis zwischen diesen beiden Parteien geschlossen wird. Es kann sich daher empfehlen, ein vorbereitetes Vertragsmuster zu unterbreiten, so daß der Vertrag erst dann zustande kommt, wenn der Unternehmer die vorgeschlagenen Vertragsbedingungen akzeptiert. Ein diesbezügliches Muster findet sich im Anschluß an die folgende „einfache" Auftragsbestätigung als C-IV.3.

An den Unternehmer
(bitte zutreffende Firmenbezeichnung beziehungsweise Namensbezeichnung im Falle eines Einzelauftraggebers sowie Adresse einfügen)

Vorab per Telefax: ... *(bitte zutreffende Nummer einsetzen)*

Ort/Datum ...

Betreff: Gutachterauftrag: Fertigstellungsbescheinigung gemäß § 641a BGB für das Bauvorhaben ... *(bitte zutreffendes Bauvorhaben einsetzen)*

Sehr geehrte/r Frau/Herr ...,
sehr geehrte Damen und Herren,

ich komme zurück auf Ihr Schreiben vom ... *(bitte zutreffendes Datum einsetzen)*, mit dem Sie um die Begutachtung des vorgenannten Bauvorhabens zum Zwecke der Erteilung einer Fertigstellungsbescheinigung bitten.

Hierzu teile ich mit, daß die gutachterlichen Feststellungen in mein Fachgebiet fallen; ich bin bereit, den Auftrag durchzuführen.

Demgemäß erstreckt sich mein Auftrag auf die Feststellung, ob das versprochene Werk fertiggestellt und frei von Mängeln ist, die der Besteller,

IV. Musterbriefe für den Sachverständigen C

wie in Ihrem Schreiben vom ... *(bitte zutreffendes Datum einsetzen)* mitgeteilt, gerügt hat bzw. die für mich bei der Besichtigung feststellbar sind. Ich weise darauf hin, daß die von mir zu erteilende Bescheinigung sich nur auf das Vertragsverhältnis zwischen Ihnen und dem Besteller bezieht. Für meine Tätigkeit fällt vereinbarungsgemäß folgende Vergütung an:

... *(bitte zutreffende Vergütungsvorschläge einsetzen)*

Ich darf Sie insoweit bitten, mir die vorstehenden Bedingungen, insbesondere die Bedingungen der Honorarzahlung, mit Ihrer Rückantwort schriftlich zu bestätigen.

Zur Mängelfeststellung werde ich eine Besichtigung des Bauvorhabens vornehmen; hierzu werde ich Sie mit gesondertem Schreiben mindestens zwei Wochen vor dem Termin einladen, sobald mir die schriftliche Bestätigung Ihrerseits für diesen Auftrag vorliegt. Sodann werde ich auch den Besteller entsprechend verständigen.

Soweit nicht vom Unternehmer vorgelegt:

Für die Feststellung, ob das Werk frei von Mängeln ist, benötige ich den schriftlichen Vertrag zwischen Ihnen und Ihrem Auftraggeber sowie hierzu erfolgte schriftliche Änderungen.

Ich bitte weiterhin um die detaillierte Bekanntgabe der vom Besteller gerügten Mängel, da hierdurch der Prüfungsumfang bestimmt wird.

Ich weise darauf hin, daß im Falle des Fehlens der entsprechenden Angaben die allgemeinen anerkannten Regeln der Technik bei der Begutachtung zugrunde gelegt werden; vom Besteller geltend gemachte Mängel bleiben bei der Erteilung der Bescheinigung unberücksichtigt, wenn sie nicht spätestens nach Abschluß der Besichtigung vorgebracht werden.

Ich bedanke mich für Ihr Vertrauen und verbleibe

mit freundlichen Grüßen

Rechtsverbindliche Unterschrift

3. Gutachtervertrag nebst Begleitschreiben an den Unternehmer

Wie bereits dargestellt, kann es sich empfehlen, die gutachterliche Tätigkeit mit einem eigenen Vertrag zu regeln. Die Möglichkeit für einen gesonderten schriftlichen Vertrag ergibt sich bereits aus § 641a Absatz 2 Satz 2 BGB, wonach der Sachverständige vom Unternehmer *beauftragt* wird.

Bereits aus dem vorstehendem Muster ergibt sich der mögliche Vertragsinhalt: daß der Sachverständigen das fragliche Bauwerk besichtigt, untersucht und anschließend eine Fertigstellungsbescheinigung erteilt, in der er festzustellen hat, ob das Werk von Mängeln frei ist, die vom Besteller behauptet werden oder aufgrund der Besichtigung festgestellt werden konnten. Kann der Gutachter keine Mängelfreiheit feststellen, muß er dokumentieren, welche Mängel er festgestellt hat. Vor diesem Hintergrund kann sich der Abschluß eines eigenständigen Vertrages empfehlen[6]. Demgemäß kann das Muster wie folgt aussehen:

An den Unternehmer
(bitte zutreffende Firmenbezeichnung beziehungsweise Namensbezeichnung im Falle eines Einzelauftraggebers sowie Adresse einfügen)

Vorab per Telefax: ... *(bitte zutreffende Nummer einsetzen)*

Ort/Datum ...

Betreff: Gutachterauftrag: Fertigstellungsbescheinigung gemäß § 641a BGB für das Bauvorhaben ... *(bitte zutreffendes Bauvorhaben einsetzen)*

Sehr geehrte/r Frau/Herr ...,
sehr geehrte Damen und Herren,

ich nehme Bezug auf Ihr Schreiben vom ... *(bitte zutreffendes Datum einsetzen)* und teile Ihnen hierzu mit, daß die angefragte Begutachtung in meinen Tätigkeitsbereich fällt und ich unparteiisch tätig werden kann.

Ich bin bereit, den erteilten Auftrag auf der Basis der anliegenden Vertragsbedingungen auszuführen. Im Falle Ihres Einverständnisses reichen Sie bitte ein von Ihnen unterzeichnetes Exemplar des Vertrages an mich zurück, während das andere Exemplar, welches bereits von mir gegengezeichnet ist, bei Ihren Unterlagen verbleibt.

---

[6] So jedenfalls *Bleutge*, Fertigstellungsbescheinigung, Seite 13.

IV. Musterbriefe für den Sachverständigen **C**

(Gegebenenfalls Anforderung noch fehlender Unterlagen, *wie im Muster C–IV.2.)*

Ich bedanke mich für die erteilte Beauftragung und verbleibe

mit freundlichen Grüßen

Unterschrift des Gutachters

Anlage
Gutachtervertrag

Gutachtervertrag zur Erstellung einer Fertigstellungsbescheinigung

zwischen

Unternehmer *(bitte korrekte Bezeichnung der Firma und der Anschrift des Unternehmers einsetzen)*

– Unternehmer –

und

Frau/Herrn ... *(bitte zutreffende genaue Angaben zum Gutachter)*

– Gutachter –

Präambel:

Der Unternehmer hat für ... *(bitte zutreffende Angaben zum Besteller und Auftraggeber des Unternehmers einsetzen)* – künftig Besteller genannt – das Bauvorhaben ... *(bitte genaue Angaben einsetzen)* errichtet/folgende Leistungen an dem Bauvorhaben ... *(bitte genaue Angaben einsetzen)* ausgeführt:

(bitte genaue Angaben zu den Leistungen einsetzen)

Zwischen dem Unternehmer und dem Besteller besteht Streit darüber, ob die vom Unternehmer ausgeführten Arbeiten Mängel aufweisen. Der Unternehmer beauftragt daher den Gutachter, für das vorbezeichnete Bauwerk eine Fertigstellungsbescheinigung gemäß § 641a BGB gemäß Bestimmung durch die ... -kammer ... vom .../im Einvernehmen mit dem Besteller *(bitte Nichtzutreffendes streichen und fehlende Angaben ergänzen)* nach Maßgabe der folgenden Regelungen zu erstellen:

§ 1

Der Gutachter trifft an dem vorgenannten Bauvorhaben die Feststellung, ob das versprochene Werk fertiggestellt und frei von Mängeln ist, die der Besteller behauptet hat oder die für den Gutachter bei der Besichtigung feststellbar sind.

Im Falle der Feststellung von Mängeln qualifiziert der Gutachter diese Mängel danach, ob sie wesentlich oder unwesentlich sind.

Sofern die erforderlichen Unterlagen vom Unternehmer zur Verfügung gestellt werden, äußert sich der Sachverständige auch zur Richtigkeit von Aufmaß und Stundenlohnabrechnungen.

§ 2

Grundlage der Untersuchungen sind:

- Mindestens eine Besichtigung, zu der der Gutachter mit einem Vorlauf von mindestens zwei Wochen den Unternehmer und den Besteller einlädt.
- Der zwischen dem Unternehmer und dem Besteller schriftlich geschlossene Vertrag und diesbezügliche schriftliche zusätzliche Änderungen/Vereinbarungen.
- Die vom Besteller behaupteten Mängel, soweit sie vom Unternehmer dem Gutachter mitgeteilt worden sind.

§ 3

Der Gutachter wird die Bescheinigung nach dem letzten erforderlichen Besichtigungstermin binnen einer Frist von ... *(bitte voraussichtliche Bearbeitungszeit einsetzen)* erteilen.

§ 4

Die Bescheinigung bezieht sich lediglich auf das Verhältnis zwischen dem Unternehmer und dem Besteller.

§ 5

Für seine Tätigkeit erhält der Gutachter vom Unternehmer folgende Vergütung:

(hier bitte die zutreffende Vergütung eintragen; gegebenenfalls sind hier auch Vorschüsse zu regeln oder Abschlagszahlungen vorzusehen)

Die Vergütung versteht sich zuzüglich gesetzlicher Umsatzsteuer, derzeit 16 %.

IV. Musterbriefe für den Sachverständigen   C

§ 6
Für die Tätigkeit des Gutachters gilt der Pflichtenkatalog der öffentlich-bestellten Sachverständigen gemäß der jeweiligen Sachverständigenordnung der Bestellungskörperschaft, in Kopie zu diesem Vertrag anbei als Anlage 1.

§ 7
Haftungsbeschränkung/Versicherungsregularien/Sonstiges

... *(bitte gegebenenfalls entsprechend vervollständigen)*

Ort/Datum   Ort/Datum

_____   _____

(Rechtsverbindliche Unterschrift   (Rechtsverbindliche Unterschrift
Sachverständige/-r)   des Unternehmers)

4. Einladung zum Besichtigungstermin gemäß § 641a Absatz 3 BGB

Insoweit wird ein Sachverständiger, der etwa im Rahmen eines gerichtlichen selbständigen Beweisverfahrens bereits tätig war, auf entsprechende Einladungsschreiben zurückgreifen, um diese Muster entsprechend modifizieren zu können.

Das nachfolgende Muster berücksichtigt die Neuregelung des § 641a Absatz 3 BGB.

Soweit sich bezüglich des Abnahmesachverhaltes und des Verfahrens zur Bestellung des Gutachters im Zusammenhang mit der Erstellung einer Fertigstellungsbescheinigung Rechtsanwälte als Vertreter von Parteien legitimiert haben, sind diese als Parteivertreter, im übrigen die Beteiligten als solche zu laden. Die Ladung soll dabei den Zweck der Besichtigung angeben und um die Einleitung von möglicherweise erforderlichen Maßnahmen – etwa zur Ermöglichung der Besichtigung innenliegender, bewohnter Räume – ersuchen.

Gleichlautend an:

1. den Unternehmer *(bitte vollständige Firma und Adresse einsetzen)*, gegebenenfalls: über Rechtsanwälte ... *(zutreffende Bezeichnung und Adresse der sich gegenüber dem Gutachter legitimierten Anwaltskanzlei aufführen)*

Vorab per Telefax: ... *(bitte zutreffende Nummer/Nummern einsetzen)*

2. den Besteller *(bitte zutreffenden Namen beziehungsweise Firma und Adresse einfügen)*

Vorab per Telefax: ... *(bitte zutreffende Nummer einsetzen)*

Betreff: Bauvorhaben ... *(bitte genaue Bezeichnung des Bauvorhabens gemäß Auftrag)*
Hier: Besichtigung für Fertigstellungsbescheinigung/Terminsbestimmung

Sehr geehrte Damen und Herren,

ich bin von ... *(Unternehmer, bitte zutreffende Bezeichnung einsetzen)* beauftragt worden, für das vorgenannte Bauvorhaben eine Fertigstellungsbescheinigung gemäß § 641a BGB zu erteilen; meine Bestimmung zum Gut-

IV. Musterbriefe für den Sachverständigen C

achter folgt aus der erzielten Einigung vom …/aus dem Schreiben der …-kammer … vom … *(bitte Nichtzutreffendes streichen und fehlende Angaben einsetzen)*.

Gemäß § 641a Absatz 3 Satz 1 BGB ist als Erteilungsvoraussetzung hierzu mindestens ein Besichtigungstermin abzuhalten, zu dem ich Sie hiermit einlade. Die Besichtigung findet statt am:

…………

(bitte zutreffendes Datum einsetzen; hierbei ist zu berücksichtigen, daß die Einladung 14 Tage vor dem Termin bei dem Empfänger zugegangen sein muß, so daß eine Vorlaufzeit von ca. drei Tagen einzukalkulieren ist, mithin ein Zeitraum von mindestens 17 Tagen ab Versand berücksichtigt werden sollte)

Wir treffen uns an dem vorgenannten Bauvorhaben … *(bitte wenn möglich genauen Treffpunkt (z. B. Firmeneinfahrt, Haustür, etc.) einsetzen)*.

Ich bitte darum, daß der Zugang zu folgenden Objekten/Räumlichkeiten/Anlagen *(bitte Nichtzutreffendes streichen)* gewährleistet ist: … *(bitte Zutreffendes gemäß Gutachterauftrag einsetzen)*.

Der Besteller wird darauf hingewiesen, daß er verpflichtet ist, eine Untersuchung des Werkes oder von Teilen desselben durch den Gutachter zu gestatten. Verweigert der Besteller dennoch die Untersuchung, greift die gesetzliche Vermutung, daß das zu untersuchende Werk vertragsgemäß hergestellt worden ist; die Fertigstellungsbescheinigung werde ich in diesem Falle erteilen (§ 641a Absatz 4 BGB).

Der Besteller wird weiter aufgefordert, etwaige geltend gemachte Mängel mitzuteilen; vom Besteller geltend gemachte Mängel bleiben bei der Erteilung der Bescheinigung unberücksichtigt, wenn sie nach Abschluß der Besichtigung vorgebracht werden (§ 641a Absatz 3 Satz 5 BGB). Zu Informationszwecken erhält der Besteller anliegend das Beauftragungsschreibens des Unternehmers an mich, aus dem angeblich bereits gerügte Mängel ersichtlich sind.

Im Interesse einer zügigen Abwicklung bitte ich den Besteller, mir die erbetenen Auskünfte binnen einer Frist von einer Woche nach Zugang zukommen zu lassen, um sie anläßlich der Besichtigung berücksichtigen zu können.

Mit freundlichen Grüßen

Rechtsverbindlicher Unterschrift

5. Muster einer Fertigstellungsbescheinigung

Fertigstellungsbescheinigung nach § 641a BGB

betreffend das Werk.... *(bitte genaue Bezeichnung einsetzen).*

Die Bescheinigung gilt nur für die Vertragspartner ... *(Unternehmer)* und ... *(Besteller).*

1. Aufgrund des Auftrages des Unternehmers ... *(genaue Bezeichnung und Anschrift einsetzen)* vom ... *(bitte zutreffendes Datum einsetzen)* habe ich oben beschriebenes Werk besichtigt und untersucht.

2. Eine Ortsbesichtigung/Ortsbesichtigungen *(bitte Nichtzutreffendes streichen)* hat/haben am ... von ... bis ... Uhr *(bitte entsprechend ergänzen)* stattgefunden. Die Einladung zur Ortsbesichtigung wurde am ... *(entsprechendes Datum einsetzen)* an Unternehmer und Besteller versandt; die Einladungsfrist wurde gewahrt.

    An der Ortsbesichtigung haben folgende Personen teilgenommen:

    (hier bitte Namen der Teilnehmer der jeweiligen Beteiligten einsetzen)

    oder:

    Der Besteller hat den Zugang zur Ortsbesichtigung verweigert.

3. Das Werk entspricht den Vorgaben im Vertrag vom ... *(zutreffendes Datum einsetzen).* Die vom Besteller vorgetragenen Mängel sind nicht begründet, weil ... *(kurze Begründung).*

    oder:

    Das Werk entspricht nicht den Vorgaben im Vertrag vom ..., weil ... *(kurze Begründung).*

    Die vom Besteller vorgetragenen Mängel sind begründet, weil ... *(kurze Begründung).*

    Folgende Mängel sind wesentlich ... *(bitte entsprechende Angaben einsetzen).*

IV. Musterbriefe für den Sachverständigen C

Folgende Mängel sind unwesentlich ... *(bitte entsprechende Angaben einsetzen).*

4. Aufmaß und Stundenlohnabrechnungen waren nicht zu überprüfen.

oder:

Aufmaß und Stundenlohnabrechnungen sind nicht zu beanstanden.

oder:

Aufmaß und Stundenlohnabrechnungen sind in folgenden Punkten zu beanstanden ... *(Begründung).*

5. Die Fertigstellungsbescheinigung wird erteilt/nicht erteilt *(bitte Nichtzutreffendes streichen).*

6. Der Besteller hat eine Abschrift dieser Bescheinigung erhalten *(Zugangsnachweis in Anlage).*

Ort, Datum, Unterschrift des Sachverständigen und Rundstempel/Siegel der Bestellungskörperschaft des Sachverständigen

Anhang

Ausgewählte Texte

I. Gesetz zur Beschleunigung fälliger Zahlungen vom 30. März 2000 (BGBl. I S. 330)

Der Bundestag hat das folgende Gesetz beschlossen:

Artikel 1. Änderung des Bürgerlichen Gesetzbuchs

Das Bürgerliche Gesetzbuch in der im Bundesgesetzblatt Teil III, Gliederungsnummer 400-2, veröffentlichten bereinigten Fassung, zuletzt geändert durch Artikel 1 des Gesetzes vom 21. Juli 1999 (BGBl. I S. 1642), wird wie folgt geändert:

1. Dem § 284 wird folgender Absatz 3 angefügt:

„(3) Abweichend von den Absätzen 1 und 2 kommt der Schuldner einer Geldforderung 30 Tage nach Fälligkeit und Zugang einer Rechnung oder einer gleichwertigen Zahlungsaufforderung in Verzug. Bei Schuldverhältnissen, die wiederkehrende Geldleistungen zum Gegenstand haben, bleibt Absatz 2 unberührt."

2. § 288 Abs. 1 Satz 1 wird wie folgt gefasst:

„Eine Geldschuld ist während des Verzugs für das Jahr mit fünf Prozentpunkten über dem Basiszinssatz nach § 1 des Diskontsatz-Überleitungs-Gesetzes vom 9. Juni 1998 (BGBl. I S. 1242) zu verzinsen."

3. Nach § 632 wird folgender § 632a eingefügt:

„§ 632a

Der Unternehmer kann von dem Besteller für in sich abgeschlossene Teile des Werkes Abschlagszahlungen für die erbrachten vertragsmäßigen Leistungen verlangen. Dies gilt auch für erforderliche Stoffe oder Bauteile, die eigens angefertigt oder angeliefert sind. Der Anspruch besteht nur, wenn dem Besteller Eigentum an den Teilen des Werkes, an den Stoffen oder Bauteilen übertragen oder Sicherheit hierfür geleistet wird."

Anhang

4. § 640 wird wie folgt geändert:

   a) Dem Absatz 1 werden folgende Sätze angefügt:

   „Wegen unwesentlicher Mängel kann die Abnahme nicht verweigert werden. Der Abnahme steht es gleich, wenn der Besteller das Werk nicht innerhalb einer ihm vom Unternehmer bestimmten angemessenen Frist abnimmt, obwohl er dazu verpflichtet ist."

   b) In Absatz 2 werden nach dem Wort „Werk" die Worte „gemäß Absatz 1 Satz 1" eingefügt.

5. § 641 wird wie folgt geändert:

   a) Nach Absatz 1 werden die folgenden Absätze eingefügt:

   „(2) Die Vergütung des Unternehmers für ein Werk, dessen Herstellung der Besteller einem Dritten versprochen hat, wird spätestens fällig, wenn und soweit der Besteller von dem Dritten für das versprochene Werk wegen dessen Herstellung seine Vergütung oder Teile davon erhalten hat. Hat der Besteller dem Dritten wegen möglicher Mängel des Werkes Sicherheit geleistet, gilt dies nur, wenn der Unternehmer dem Besteller Sicherheit in entsprechender Höhe leistet.

   (3) Kann der Besteller die Beseitigung eines Mangels verlangen, so kann er nach der Abnahme die Zahlung eines angemessenen Teils der Vergütung verweigern, mindestens in Höhe des Dreifachen der für die Beseitigung des Mangels erforderlichen Kosten."

   b) Der bisherige Absatz 2 wird Absatz 4.

6. Nach § 641 wird folgender § 641a eingefügt:

   „§ 641a

   (1) Der Abnahme steht es gleich, wenn dem Unternehmer von einem Gutachter eine Bescheinigung darüber erteilt wird, dass

   1. das versprochene Werk, im Falle des § 641 Abs. 1 Satz 2 auch ein Teil desselben, hergestellt ist und

   2. das Werk frei von Mängeln ist, die der Besteller gegenüber dem Gutachter behauptet hat oder die für den Gutachter bei einer Besichtigung feststellbar sind (Fertigstellungsbescheinigung). Das gilt nicht, wenn das Verfahren nach den Absätzen 2 bis 4 nicht eingehalten worden ist oder wenn die Voraussetzungen des § 640 Abs. 1 Satz 1 und 2 nicht gegeben waren; im Streitfall hat dies der Besteller zu beweisen. § 640 Abs. 2 ist nicht anzuwenden. Es wird vermutet, dass ein Aufmaß oder eine Stundenlohnabrechnung, die der Unternehmer seiner Rechnung zugrunde legt, zutreffen, wenn der Gutachter dies in der Fertigstellungsbescheinigung bestätigt.

I. Gesetze zur Beschleunigung fälliger Zahlungen **Anhang**

(2) Gutachter kann sein

1. ein Sachverständiger, auf den sich Unternehmer und Besteller verständigt haben, oder
2. ein auf Antrag des Unternehmers durch eine Industrie- und Handelskammer, eine Handwerkskammer, eine Architektenkammer oder eine Ingenieurkammer bestimmter öffentlich bestellter und vereidigter Sachverständiger.

Der Gutachter wird vom Unternehmer beauftragt. Er ist diesem und dem Besteller des zu begutachtenden Werkes gegenüber verpflichtet, die Bescheinigung unparteiisch und nach bestem Wissen und Gewissen zu erteilen.

(3) Der Gutachter muss mindestens einen Besichtigungstermin abhalten; eine Einladung hierzu unter Angabe des Anlasses muss dem Besteller mindestens zwei Wochen vorher zugehen. Ob das Werk frei von Mängeln ist, beurteilt der Gutachter nach einem schriftlichen Vertrag, den ihm der Unternehmer vorzulegen hat. Änderungen dieses Vertrages sind dabei nur zu berücksichtigen, wenn sie schriftlich vereinbart sind oder von den Vertragsteilen übereinstimmend gegenüber dem Gutachter vorgebracht werden. Wenn der Vertrag entsprechende Angaben nicht enthält, sind die allgemein anerkannten Regeln der Technik zugrunde zu legen. Vom Besteller geltend gemachte Mängel bleiben bei der Erteilung der Bescheinigung unberücksichtigt, wenn sie nach Abschluss der Besichtigung vorgebracht werden.

(4) Der Besteller ist verpflichtet, eine Untersuchung des Werkes oder von Teilen desselben durch den Gutachter zu gestatten. Verweigert er die Untersuchung, wird vermutet, dass das zu untersuchende Werk vertragsgemäß hergestellt worden ist; die Bescheinigung nach Absatz 1 ist zu erteilen.

(5) Dem Besteller ist vom Gutachter eine Abschrift der Bescheinigung zu erteilen. In Ansehung von Fristen, Zinsen und Gefahrübergang treten die Wirkungen der Bescheinigung erst mit ihrem Zugang beim Besteller ein."

7. § 648a wird wie folgt geändert:

a) Absatz 1 wird wie folgt geändert:

aa) In Satz 1 werden nach dem Wort „Vorleistungen" die Wörter „einschließlich dazugehöriger Nebenforderungen" eingefügt.

bb) Satz 2 wird wie folgt gefasst:

„Sicherheit kann bis zur Höhe des voraussichtlichen Vergütungsanspruchs, wie er sich aus dem Vertrag oder einem nachträglichen Zusatzauftrag ergibt, sowie wegen Nebenforderungen verlangt werden; die Nebenforderungen sind mit 10 vom Hundert des zu sichernden Vergütungsanspruchs anzusetzen."

b) Dem Absatz 5 werden folgende Sätze angefügt:

Anhang

„Dasselbe gilt, wenn der Besteller in zeitlichem Zusammenhang mit dem Sicherheitsverlangen gemäß Absatz 1 kündigt, es sei denn, die Kündigung ist nicht erfolgt, um der Stellung der Sicherheit zu entgehen. Es wird vermutet, dass der Schaden 5 Prozent der Vergütung beträgt."

Artikel 2. Änderung sonstiger Vorschriften

(1) In den Fünften Teil des Einführungsgesetzes zum Bürgerlichen Gesetzbuche in der Fassung der Bekanntmachung vom 21. September 1994 (BGBl. I S.2494; 1997 S.1061), das zuletzt durch Artikel 1 Abs. 1 des Gesetzes vom 20. Dezember 1999 (BGBl. I S.2493) geändert worden ist, wird nach Artikel 228 folgender Artikel 229 eingefügt:

„Artikel 229
Weitere Überleitungsvorschriften

(1) § 284 Abs. 3 des Bürgerlichen Gesetzbuchs in der seit dem 1. Mai 2000 geltenden Fassung gilt auch für Geldforderungen, die vor diesem Zeitpunkt entstanden sind. Vor diesem Zeitpunkt zugegangene Rechnungen lösen die Wirkungen des § 284 Abs. 3 nicht aus. § 288 des Bürgerlichen Gesetzbuchs und § 352 des Handelsgesetzbuchs in der jeweils seit dem 1. Mai 2000 geltenden Fassung sind auf alle Forderungen anzuwenden, die von diesem Zeitpunkt an fällig werden.

(2) §§ 632a, 640, 641, 641a und 648a in der jeweils ab dem 1. Mai 2000 geltenden Fassung gelten, soweit nichts anderes bestimmt wird, nicht für Verträge, die vor diesem Zeitpunkt abgeschlossen worden sind. § 641 Abs. 3 und § 648a Abs. 5 Satz 3 in der seit dem 1. Mai 2000 sind auch auf vorher abgeschlossene Verträge anzuwenden. § 640 gilt für solche Verträge mit der Maßgabe, dass der Lauf der darin bestimmten Frist erst mit dem 1. Mai 2000 beginnt."

(2) Nach § 27 des AGB-Gesetzes vom 9. Dezember 1976 (BGBl. I S.3317), das zuletzt durch Artikel 2 Abs.2 des Gesetzes vom 21. Juli 1999 (BGBl. I S.1642) geändert worden ist, wird folgender § 27a eingefügt:

„§ 27a
Abschlagszahlungen beim Hausbau

Das Bundesministerium der Justiz wird ermächtigt, im Einvernehmen mit dem Bundesministerium für Wirtschaft und Technologie durch Rechtsverordnung, die der Zustimmung des Bundesrates nicht bedarf, auch unter Abweichung von § 632a des Bürgerlichen Gesetzbuchs zu regeln, welche Abschlagszahlungen bei Werkverträgen verlangt werden können, die die Errichtung eines Hauses oder eines vergleichbaren Bauwerks zum Gegenstand haben, insbesondere wie viele Abschläge vereinbart werden können, welche erbrachten Gewerke hierbei mit welchen Prozentsätzen der Gesamtbausumme angesetzt werden können, welcher Abschlag für eine in dem Vertrag enthaltene Verpflichtung zur Verschaffung des Eigentums angesetzt werden kann und welche Sicherheit dem Besteller hierfür zu leisten ist."

(3) In § 352 Abs. 1 Satz 1 des Handelsgesetzbuches in der im Bundesgesetzblatt Teil III, Gliederungsnummer 4100-1, veröffentlichten bereinigten Fassung, das zuletzt durch Artikel 1 des Gesetzes vom 24. Februar 2000 (BGBl. I S. 154) geändert worden ist, werden die Wörter „mit Einschluss der Verzugszinsen" durch die Wörter „mit Ausnahme der Verzugszinsen" ersetzt.

(4) Die Zivilprozessordnung in der im Bundesgesetzblatt Teil III, Gliederungsnummer 310-4, veröffentlichten bereinigten Fassung, zuletzt geändert durch Artikel 1 Nr. 1 des Gesetzes vom 17. Dezember 1999 (BGBl. I S. 2448), wird wie folgt geändert:

1. Dem § 301 Abs. 1 wird folgender Satz angefügt:

„Über einen Teil eines einheitlichen Anspruchs, der nach Grund und Höhe streitig ist, kann durch Teilurteil nur entschieden werden, wenn zugleich ein Grundurteil über den restlichen Teil des Anspruchs ergeht."

2. In § 302 Abs. 1 wird der Halbsatz „, die mit der in der Klage geltend gemachten Forderung nicht in rechtlichem Zusammenhang steht," gestrichen.

Artikel 3. Inkrafttreten

Artikel 2 Abs. 2 tritt am Tage nach der Verkündung in Kraft. Im Übrigen tritt das Gesetz am 1. Mai 2000 in Kraft.

Die verfassungsmäßigen Rechte des Bundesrates sind gewahrt.

Das vorstehende Gesetz wird hiermit ausgefertigt und wird im Bundesgesetzblatt verkündet.

Berlin, den 30. März 2000

II. Gesetz über die Sicherung der Bauforderungen vom 1. Juni 1909 (BGBl. III/FNA 213-2)

§ 1 Verwendung von Baugeld; Begriff des Baugeldes

(1) Der Empfänger von Baugeld ist verpflichtet, das Baugeld zur Befriedigung solcher Personen, die an der Herstellung des Baues auf Grund eines Werk-, Dienst- oder Lieferungsvertrags beteiligt sind, zu verwenden. Eine anderweitige Verwendung des Baugeldes ist bis zu dem Betrag statthaft, in welchem der Empfänger aus anderen Mitteln Gläubiger der bezeichneten Art bereits befriedigt hat.

(2) Ist der Empfänger selbst an der Herstellung beteiligt, so darf er das Baugeld in Höhe der Hälfte des angemessenen Wertes der von ihm in den Bau verwendeten Leistung, oder, wenn die Leistung von ihm noch nicht in den Bau verwendet worden ist, der von ihm geleisteten Arbeit und der von ihm gemachten Auslagen für sich behalten.

(3) Baugeld sind Geldbeträge, die zum Zweck der Bestreitung der Kosten eines Baues in der Weise gewährt werden, daß zur Sicherung der Ansprüche des Geldgebers eine Hypothek oder Grundschuld an dem zu bebauenden Grundstück dient oder die Übertragung des Eigentums an dem Grundstück erst nach gänzlicher oder teilweiser Herstellung des Baues erfolgen soll. Als Geldbeträge, die zum Zweck der Bestreitung der Kosten eines Baues gewährt werden, gelten insbesondere:

1. solche, deren Auszahlung ohne nähere Bestimmung des Zweckes der Verwendung nach Maßgabe des Fortschreitens des Baues erfolgen soll.

2. ... (gegenstandslos)

§ 2 Führung und Inhalt des Baubuches; Begriff des Neubaus

(1) Zur Führung eines Baubuches ist verpflichtet, wer die Herstellung eines Neubaues unternimmt und entweder Beugewerbetreibender ist oder sich für den Neubau Baugeld gewähren läßt. Über jeden Neubau ist gesondert Buch zu führen.

(2) Neubau im Sinne dieses Gesetzes ist die Errichtung eines Gebäudes auf einer Baustelle, die zur Zeit der Erteilung der Bauerlaubnis unbebaut oder nur mit Bauwerken untergeordneter Art oder mit solchen Bauwerken besetzt ist, welche zum Zweck der Errichtung des Gebäudes abgebrochen werden sollen.

(3) Aus dem Baubuch müssen sich ergeben:

1. die Personen, mit denen ein Werk-, Dienst- oder Lieferungsvertrag abgeschlossen ist, die Art der diesen Personen übertragenen Arbeiten und die vereinbarte Vergütung;

2. die auf jede Forderung geleisteten Zahlungen und die Zeit dieser Zahlungen;

3. die Höhe der zur Bestreitung der Baukosten zugesicherten Mittel und die Person des Geldgebers sowie Zweckbestimmung und Höhe derjenigen Beträge, die gegen Sicherstellung durch das zu bebauende Grundstück (§ 1 Abs. 3), jedoch nicht zur Bestreitung der Baukosten gewährt werden;

4. die einzelnen in Anrechnung auf die unter Ziffer 3 genannten Mittel an den Buchführungspflichten oder für seine Rechnung geleisteten Zahlungen und die Zeit dieser Zahlungen;

5. Abtretungen, Pfändungen oder sonstige Verfügungen über diese Mittel;

6. die Beträge, die der Buchführungspflichtige für eigene Leistungen in den Bau aus diesen Mitteln entnommen hat.

(4) Das Buch ist bis zum Ablauf von fünf Jahren, von der Beendigung des letzteingetragenen Baues an gerechnet, aufzubewahren.

§ 3 Die Vorschriften des § 2 finden auch auf Umbauten Anwendung, wenn für den Umbau Baugeld gewährt wird.

§ 4 (aufgehoben)

§ 5 Strafvorschriften

Baugeldempfänger, welche ihre Zahlungen eingestellt haben oder über deren Vermögen das Insolvenzverfahren eröffnet worden ist und deren in § 1 Abs. 1 bezeichnete Gläubiger zur Zeit der Zahlungseinstellung oder der Eröffnung des Insolvenzverfahrens benachteiligt sind, werden mit Freiheitsstrafe bis zu fünf Jahren oder Geldstrafe bestraft, wenn sie zum Nachteil der bezeichneten Gläubiger den Vorschriften des § 1 zuwidergehandelt haben.

§ 6 Strafvorschriften

(1) Zur Führung eines Baubuches verpflichtete Personen, welche ihre Zahlungen eingestellt haben oder über deren Vermögen das Insolvenzverfahren eröffnet worden ist und deren in § 2 Abs. 3 Ziff. 1 bezeichnete Gläubiger zur Zeit der Zahlungseinstellung oder der Eröffnung des Insolvenzverfahrens benachteiligt sind, werden mit Freiheitsstrafe bis zu einem Jahr oder mit Geldstrafe bestraft, wenn sie das vorgeschriebene Baubuch zu führen unterlassen, oder es verheimlicht, vernichtet oder so unordentlich geführt haben, daß es keine genügende Übersicht, insbesondere über die Verwendung der zur Bestreitung der Baukosten zugesicherten Mittel, gewährt.

(2) Unterläßt es der Täter fahrlässig, das vorgeschriebene Baubuch zu führen, oder führt er es fahrlässig so unordentlich, daß es keine genügende

Anhang

Übersicht im Sinne des Absatzes gewährt, so ist die Strafe Freiheitsstrafe bis zu sechs Monaten oder Geldstrafe bis zu einhundertachtzig Tagessätzen.

III. VOB Teil B

VOB Teil B
Allgemeine Vertragsbedingungen für die Ausführung von Bauleistungen
Ausgabe 2000

§ 1 Art und Umfang der Leistung

1. Die auszuführende Leistung wird nach Art und Umfang durch den Vertrag bestimmt. Als Bestandteil des Vertrages gelten auch die Allgemeinen Technischen Vertragsbedingungen für Bauleistungen.

2. Bei Widersprüchen im Vertrag gelten nacheinander:
   a) die Leistungsbeschreibung,
   b) die Besonderen Vertragsbedingungen,
   c) etwaige Zusätzliche Vertragsbedingungen
   d) etwaige Zusätzliche Technische Vertragsbedingungen,
   e) die Allgemeinen Technischen Vertragsbedingungen für Bauleistungen,
   f) die Allgemeinen Vertragsbedingungen für die Ausführung von Bauleistungen.

3. Änderungen des Bauentwurfs anzuordnen, bleibt dem Auftraggeber vorbehalten.

4. Nicht vereinbarte Leistungen, die zur Ausführung der vertraglichen Leistung erforderlich werden, hat der Auftragnehmer auf Verlangen des Auftraggebers mit auszuführen, außer wenn sein Betrieb auf derartige Leistungen nicht eingerichtet ist. Andere Leistungen können dem Auftragnehmer nur mit seiner Zustimmung übertragen werden.

§ 2 Vergütung

1. Durch die vereinbarten Preise werden alle Leistungen abgegolten, die nach der Leistungsbeschreibung, den Besonderen Vertragsbedingungen, den Zusätzlichen Vertragsbedingungen, den Zusätzlichen Technischen Vertragsbedingungen, den Allgemeinen Technischen Vertragsbedingungen für Bauleistungen und der gewerblichen Verkehrssitte zur vertraglichen Leistung gehören.

2. Die Vergütung wird nach den vertraglichen Einheitspreisen und den tatsächlich ausgeführten Leistungen berechnet, wenn keine andere Berechnungsart (z.B. durch Pauschalsumme, nach Stundenlohnsätzen, nach Selbstkosten) vereinbart ist.

3. (1) Weicht die ausgeführte Menge der unter einem Einheitspreis erfaßten Leistung oder Teilleistung um nicht mehr als 10 v.H. von dem im Vertrag vorgesehenen Umfang ab, so gilt der vertragliche Einheitspreis.

Anhang

(2) Für die über 10 v.H. hinausgehende Überschreitung des Mengenansatzes ist auf Verlangen ein neuer Preis unter Berücksichtigung der Mehr- oder Minderkosten zu vereinbaren.

(3) Bei einer über 10 v.H. hinausgehenden Unterschreitung des Mengenansatzes ist auf Verlangen der Einheitspreis für die tatsächlich ausgeführte Menge der Leistung oder Teilleistung zu erhöhen, soweit der Auftragnehmer nicht durch Erhöhung der Mengen bei anderen Ordnungszahlen (Positionen) oder in anderer Weise einen Ausgleich erhält. Die Erhöhung des Einheitspreises soll im wesentlichen dem Mehrbetrag entsprechen, der sich durch Verteilung der Baustelleneinrichtungs- und Baustellengemeinkosten und der Allgemeinen Geschäftskosten auf die verringerte Menge ergibt. Die Umsatzsteuer wird entsprechend dem neuen Preis vergütet.

(4) Sind von der unter einem Einheitspreis erfaßten Leistung oder Teilleistung andere Leistungen abhängig, für die eine Pauschalsumme vereinbart ist, so kann mit der Änderung des Einheitspreises auch eine angemessene Änderung der Pauschalsumme gefordert werden.

4. Werden im Vertrag ausbedungene Leistungen des Auftragnehmers vom Auftraggeber selbst übernommen (z.B. Lieferung von Bau-, Bauhilfs- und Betriebsstoffen), so gilt, wenn nichts anderes vereinbart wird, § 8 Nr. 1 Abs. 2 entsprechend.

5. Werden durch Änderung des Bauentwurfs oder andere Anordnungen des Auftraggebers die Grundlagen des Preises für eine im Vertrag vorgesehene Leistung geändert, so ist ein neuer Preis unter Berücksichtigung der Mehr- oder Minderkosten zu vereinbaren. Die Vereinbarung soll vor der Ausführung getroffen werden.

6. (1) Wird eine im Vertrag nicht vorgesehene Leistung gefordert, so hat der Auftragnehmer Anspruch auf besondere Vergütung. Er muß jedoch den Anspruch dem Auftraggeber ankündigen, bevor er mit der Ausführung der Leistung beginnt.

(2) Die Vergütung bestimmt sich nach den Grundlagen der Preisermittlung für die vertragliche Leistung und den besonderen Kosten der geforderten Leistung. Sie ist möglichst vor Beginn der Ausführung zu vereinbaren.

7. (1) Ist als Vergütung der Leistung eine Pauschalsumme vereinbart, so bleibt die Vergütung unverändert. Weicht jedoch die ausgeführte Leistung von der vertraglich vorgesehen Leistung so erheblich ab, daß ein Festhalten an der Pauschalsumme nicht zumutbar ist (§ 242 BGB), so ist auf Verlangen ein Ausgleich unter Berücksichtigung der Mehr- oder Minderkosten zu gewähren. Für die Bemessung des Ausgleichs ist von den Grundlagen der Preisermittlung auszugehen. Nummern 4, 5 und 6 bleiben unberührt.

(2) Wenn nichts anderes vereinbart ist, gilt Absatz 1 auch für Pauschalsum-men, die Teile der Leistung vereinbart sind; Nummer 3 Absatz 4 bleibt unberührt.

8. (1) Leistungen, die der Auftragnehmer ohne Auftrag oder unter eigenmächtiger Abweichung vom Vertrag ausführt, werden nicht vergütet. Der Auftragnehmer hat sie auf Verlangen innerhalb einer angemessenen Frist zu beseitigen; sonst kann es auf seine Kosten geschehen. Er haftet außerdem für andere Schäden, die dem Auftraggeber hieraus entstehen.

(2) Eine Vergütung steht dem Auftragnehmer jedoch zu, wenn der Auftraggeber solche Leistungen nachträglich anerkennt. Eine Vergütung steht ihm auch zu, wenn die Leistungen für die Erfüllung des Vertrags notwendig waren, dem mutmaßlichen Willen des Auftraggebers entsprachen und ihm unverzüglich angezeigt wurden. Soweit dem Auftragnehmer eine Vergütung zusteht, gelten die Berechnungsgrundlagen für geänderte oder zusätzliche Leistungen der Nummer 5 oder 6 entsprechend.

(3) Die Vorschriften des BGB über die Geschäftsführung ohne Auftrag (§ 677 ff.) bleiben unberührt.

9. (1) Verlangt der Auftraggeber Zeichnungen, Berechnungen oder andere Unterlagen, die der Auftragnehmer nach dem Vertrag, besonders den Technischen Vertragsbedingungen oder der gewerblichen Verkehrssitte, nicht zu beschaffen hat, so hat er sie zu vergüten.

(2) Läßt er vom Auftragnehmer nicht aufgestellte technische Berechnungen durch den Auftragnehmer nachprüfen, so hat er die Kosten zu tragen.

10. Stundenlohnarbeiten werden nur vergütet, wenn sie als solche vor ihrem Beginn ausdrücklich vereinbart worden sind (§ 15).

§ 3 Ausführungsunterlagen

1. Die für die Ausführung nötigen Unterlagen sind dem Auftragnehmer unentgeltlich und rechtzeitig zu übergeben.

2. Das Abstecken der Hauptachsen der baulichen Anlagen, ebenso der Grenzen des Geländes, das dem Auftragnehmer zur Verfügung gestellt wird, und das Schaffen der notwendigen Höhenfestpunkte in unmittelbarer Nähe der baulichen Anlagen sind Sache des Auftraggebers.

3. Die vom Auftraggeber zur Verfügung gestellten Geländeaufnahmen und Absteckungen und die übrigen für die Ausführung übergebenen Unterlagen sind für den Auftragnehmer maßgebend. Jedoch hat er sie, soweit es zur ordnungsgemäßen Vertragserfüllung gehört, auf etwaige Unstimmigkeiten zu überprüfen und den Auftraggeber auf entdeckte oder vermutete Mängel hinzuweisen.

Anhang

4. Vor Beginn der Arbeiten ist, soweit notwendig, der Zustand der Straßen und Geländeoberfläche, der Vorfluter und Vorflutleitungen, ferner der baulichen Anlagen im Baubereich in einer Niederschrift festzuhalten, die vom Auftraggeber und Auftragnehmer anzuerkennen ist.

5. Zeichnungen, Berechnungen, Nachprüfungen von Berechnungen oder andere Unterlagen, die der Auftragnehmer nach dem Vertrag, besonders den Technischen Vertragsbedingungen, oder der gewerblichen Verkehrssitte oder auf besonderes Verlangen des Auftraggebers (§ 2 Nr. 9) zu beschaffen hat, sind dem Auftraggeber nach Aufforderung rechtzeitig vorzulegen.

6. (1) Die in Nummer 5 genannten Unterlagen dürfen ohne Genehmigung ihres Urhebers nicht veröffentlicht, vervielfältigt, geändert oder für einen anderen als den vereinbarten Zweck benutzt werden.

    (2) An DV-Programmen hat der Auftraggeber das Recht zur Nutzung mit den vereinbarten Leistungsmerkmalen in unveränderter Form auf den festgelegten Geräten. Der Auftraggeber darf zum Zwecke der Datensicherung zwei Kopien herstellen. Diese müssen alle Identifikationsmerkmale enthalten. Der Verbleib der Kopien ist auf Verlangen nachzuweisen.

    (3) Der Auftragnehmer bleibt unbeschadet des Nutzungsrechts des Auftraggebers zur Nutzung der Unterlagen und der DV-Programme berechtigt.

§ 4 Ausführung

1. (1) Der Auftraggeber hat für die Aufrechterhaltung der allgemeinen Ordnung auf der Baustelle zu sorgen und das Zusammenwirken der verschiedenen Unternehmer zu regeln. Er hat die erforderlichen öffentlich-rechtlichen Genehmigungen und Erlaubnisse – z.B. nach dem Baurecht, dem Straßenverkehrsrecht, dem Wasserrecht, dem Gewerberecht – herbeizuführen.

    (2) Der Auftraggeber hat das Recht, die vertragsgemäße Ausführung der Leistung zu überwachen. Hierzu hat er Zutritt zu den Arbeitsplätzen, Werkstätten und Lagerräumen, wo die vertragliche Leistung oder Teile von ihr hergestellt oder die hierfür bestimmten Stoffe und Bauteile gelagert werden. Auf Verlangen sind ihm die Werkzeichnungen oder andere Ausführungsunterlagen sowie die Ergebnisse von Güteprüfungen zur Einsicht vorzulegen und die erforderlichen Auskünfte zu erteilen, wenn hierdurch keine Geschäftsgeheimnisse preisgegeben werden. Als Geschäftsgeheimnis bezeichnete Auskünfte und Unterlagen hat er vertraulich zu behandeln.

    (3) Der Auftraggeber ist befugt, unter Wahrung der dem Auftragnehmer zustehenden Leitung (Nummer 2) Anordnungen zu treffen, die zur vertragsgemäßen Ausführung der Leistung notwendig sind. Die Anordnungen sind grundsätzlich nur dem Auftragnehmer oder seinem für die Leitung der Ausführung bestellten Vertreter zu erteilen, außer wenn Gefahr im Ver-

III. VOB Teil B **Anhang**

zug ist. Dem Auftraggeber ist mitzuteilen, wer jeweils als Vertreter des Auftragnehmers für die Leitung der Ausführung bestellt ist.

(4) Hält der Auftragnehmer die Anordnungen des Auftraggebers für unberechtigt oder unzweckmäßig, so hat er seine Bedenken geltend zu machen, die Anordnungen jedoch auf Verlangen auszuführen, wenn nicht gesetzliche oder behördliche Bestimmungen entgegenstehen. Wenn dadurch eine ungerechtfertigte Erschwerung verursacht wird, hat der Auftraggeber die Mehrkosten zu tragen.

2. (1) Der Auftragnehmer hat die Leistung unter eigener Verantwortung nach dem Vertrag auszuführen. Dabei hat er die anerkannten Regeln der Technik und die gesetzlichen und behördlichen Bestimmungen zu beachten. Es ist seine Sache, die Ausführung seiner vertraglichen Leistung zu leiten und für Ordnung auf seiner Arbeitsstelle zu sorgen.

(2) Er ist für die Erfüllung der gesetzlichen, behördlichen und berufsgenossenschaftlichen Verpflichtungen gegenüber seinen Arbeitnehmern allein verantwortlich. Es ist ausschließlich seine Aufgabe, die Vereinbarungen und Maßnahmen zu treffen, die sein Verhältnis zu den Arbeitnehmern regeln.

3. Hat der Auftragnehmer Bedenken gegen die vorgesehene Art der Ausführung (auch wegen der Sicherung gegen Unfallgefahren), gegen die Güte der vom Auftraggeber gelieferten Stoffe oder Bauteile oder gegen die Leistungen anderer Unternehmer, so hat er sie dem Auftraggeber unverzüglich – möglichst schon vor Beginn der Arbeiten – schriftlich mitzuteilen; der Auftraggeber bleibt jedoch für seine Angaben, Anordnungen oder Lieferungen verantwortlich.

4. Der Auftraggeber hat, wenn nichts anderes vereinbart ist, dem Auftragnehmer unentgeltlich zur Benutzung oder Mitbenutzung zu überlassen:
   a) die notwendigen Lager- und Arbeitsplätze auf der Baustelle,
   b) vorhandene Zufahrtswege und Anschlußgleise,
   c) vorhandene Anschlüsse für Wasser und Energie. Die Kosten für den Verbrauch und den Messer oder Zähler trägt der Auftragnehmer, mehrere Auftragnehmer tragen sie anteilig.

5. Der Auftragnehmer hat die von ihm ausgeführten Leistungen und die ihm für die Ausführung übergebenen Gegenstände bis zur Abnahme vor Beschädigung und Diebstahl zu schützen. Auf Verlangen des Auftraggebers hat er sie vor Winterschäden und Grundwasser zu schützen, ferner Schnee und Eis zu beseitigen. Obliegt ihm die Verpflichtung nach Satz 2 nicht schon nach dem Vertrag, so regelt sich die Vergütung nach § 2 Nr. 6.

6. Stoffe oder Bauteile, die dem Vertrag oder den Proben nicht entsprechen, sind auf Anordnung des Auftraggebers innerhalb einer von ihm bestimmten Frist von der Baustelle zu entfernen. Geschieht es nicht, so können sie

auf Kosten des Auftragnehmers entfernt oder für seine Rechnung veräußert werden.

7. Leistungen, die schon während der Ausführung als mangelhaft oder vertragswidrig erkannt werden, hat der Auftragnehmer auf eigene Kosten durch mangelfreie zu ersetzen. Hat der Auftragnehmer den Mangel oder die Vertragswidrigkeit zu vertreten, so hat er auch den daraus entstehenden Schaden zu ersetzen. Kommt der Auftragnehmer der Pflicht zur Beseitigung des Mangels nicht nach, so kann ihm der Auftraggeber eine angemessene Frist zur Beseitigung des Mangels setzen und erklären, daß er ihm nach fruchtlosem Ablauf der Frist den Auftrag entziehe (§ 8 Nr. 3).

8. (1) Der Auftragnehmer hat die Leistung im eigenen Betrieb auszuführen. Mit schriftlicher Zustimmung des Auftraggebers darf er sie an Nachunternehmer übertragen. Die Zustimmung ist nicht notwendig bei Leistungen, auf die der Betrieb des Auftragnehmers nicht eingerichtet ist. Erbringt der Auftragnehmer ohne schriftliche Zustimmung des Auftraggebers Leistungen nicht im eigenen Betrieb, obwohl sein Betrieb darauf eingerichtet ist, kann der Auftraggeber ihm eine angemessene Frist zu Aufnahme der Leistung im eigenen Betrieb setzen und erklären, dass er ihm nach fruchtlosem Ablauf der Frist den Auftrag entziehe (§ 8 Nr. 3 VOB/B).

(2) Der Auftragnehmer hat bei der Weitervergabe von Bauleistungen an Nachunternehmer die Verdingungsordnung für Bauleistungen zugrunde zu legen.

(3) Der Auftragnehmer hat die Nachunternehmer dem Auftraggeber auf Verlangen bekanntzugeben.

9. Werden bei Ausführung der Leistung auf einem Grundstück Gegenstände von Altertums-, Kunst- oder wissenschaftlichem Wert entdeckt, so hat der Auftragnehmer vor jedem weiteren Aufdecken oder Ändern dem Auftraggeber den Fund anzuzeigen und ihm die Gegenstände nach näherer Weisung abzuliefern. Die Vergütung etwaiger Mehrkosten regelt sich nach § 2 Nr. 6. Die Rechte des Entdeckers (§ 984 BGB) hat der Auftraggeber.

10. Der Zustand von Teilen der Leistung ist auf Verlangen gemeinsam von Auftraggeber und Auftragnehmer festzustellen, wenn diese Teile der Leistung durch die weitere Ausführung der Prüfung und Feststellung entzogen werden. Das Ergebnis ist schriftlich niederzulegen.

§ 5 Ausführungsfristen

1. Die Ausführung ist nach den verbindlichen Fristen (Vertragsfristen) zu beginnen, angemessen zu fördern und zu vollenden. In einem Bauzeitenplan enthaltene Einzelfristen gelten nur dann als Vertragsfristen, wenn dies im Vertrag ausdrücklich vereinbart ist.

III. VOB Teil B **Anhang**

2. Ist für den Beginn der Ausführung keine Frist vereinbart, so hat der Auftraggeber dem Auftragnehmer auf Verlangen Auskunft über den voraussichtlichen Beginn zu erteilen. Der Auftragnehmer hat innerhalb von 12 Werktagen nach Aufforderung zu beginnen. Der Beginn der Ausführung ist dem Auftraggeber anzuzeigen.

3. Wenn Arbeitskräfte, Geräte, Gerüste, Stoffe oder Bauteile so unzureichend sind, daß die Ausführungsfristen offenbar nicht eingehalten werden können, muß der Auftragnehmer auf Verlangen unverzüglich Abhilfe schaffen.

4. Verzögert der Auftragnehmer den Beginn der Ausführung, gerät er mit der Vollendung in Verzug oder kommt er der in Nummer 3 erwähnten Verpflichtung nicht nach, so kann der Auftraggeber bei Aufrechterhaltung des Vertrages Schadenersatz nach § 6 Nr. 6 verlangen oder dem Auftragnehmer eine angemessene Frist zur Vertragserfüllung setzen und erklären, daß er ihm nach fruchtlosem Ablauf der Frist den Auftrag entziehe (§ 8 Nr. 3).

§ 6 Behinderung und Unterbrechung der Ausführung

1. Glaubt sich der Auftragnehmer in der ordnungsgemäßen Ausführung der Leistung behindert, so hat er es dem Auftraggeber unverzüglich schriftlich anzuzeigen. Unterläßt er die Anzeige, so hat er nur dann Anspruch auf Berücksichtigung der hindernden Umstände, wenn dem Auftraggeber offenkundig die Tatsache und deren hindernde Wirkung bekannt waren.

2. (1) Ausführungsfristen werden verlängert, soweit die Behinderung verursacht ist:
   a) durch einen Umstand aus dem Risikobereich des Auftraggebers.
   b) durch Streik oder eine von der Berufsvertretung der Arbeitgeber angeordnete Aussperrung im Betrieb des Auftragnehmers oder in einem unmittelbar für ihn arbeitenden Betrieb
   c) durch höhere Gewalt oder andere für den Auftragnehmer unabwendbare Umstände.

   (2) Witterungseinflüsse während der Ausführungszeit, mit denen bei Abgabe des Angebots normalerweise gerechnet werden mußte, gelten nicht als Behinderung.

3. Der Auftragnehmer hat alles zu tun, was ihm billigerweise zugemutet werden kann, um die Weiterführung der Arbeiten zu ermöglichen. Sobald die hindernden Umstände wegfallen, hat er ohne weiteres und unverzüglich die Arbeiten wiederaufzunehmen und den Auftraggeber davon zu benachrichtigen.

4. Die Fristverlängerung wird berechnet nach der Dauer der Behinderung mit einem Zuschlag für die Wiederaufnahme der Arbeiten und die etwaige Verschiebung in eine ungünstigere Jahreszeit.

Anhang

5. Wird die Ausführung für voraussichtlich längere Dauer unterbrochen, ohne daß die Leistung dauernd unmöglich wird, so sind die ausgeführten Leistungen nach den Vertragspreisen abzurechnen und außerdem die Kosten zu vergüten, die dem Auftragnehmer bereits entstanden und in den Vertragspreisen des nicht ausgeführten Teils der Leistung enthalten sind.

Sind die hindernden Umstände von einem Vertragsteil zu vertreten, so hat der andere Teil Anspruch auf Ersatz des nachweislich entstandenen Schadens, des entgangenen Gewinns aber nur bei Vorsatz oder grober Fahrlässigkeit.

Dauert eine Unterbrechung länger als 3 Monate, so kann jeder Teil nach Ablauf dieser Zeit den Vertrag schriftlich kündigen. Die Abrechnung regelt sich nach Nummern 5 und 6; wenn der Auftragnehmer die Unterbrechung nicht zu vertreten hat, sind auch die Kosten der Baustellenräumung zu vergüten, soweit sie nicht in der Vergütung für die bereits ausgeführten Leistungen enthalten sind.

§ 7 Verteilung der Gefahr

1. Wird die ganz oder teilweise ausgeführte Leistung vor der Abnahme durch höhere Gewalt, Krieg, Aufruhr oder andere objektiv unabwendbare vom Auftragnehmer nicht zu vertretende Umstände beschädigt oder zerstört, so hat dieser für die ausgeführten Teile der Leistung die Ansprüche nach § 6 Nr. 5; für andere Schäden besteht keine gegenseitige Ersatzpflicht.

2. Zu der ganz oder teilweise ausgeführten Leistung gehören alle mit der baulichen Anlage unmittelbar verbundenen, in ihre Substanz eingegangenen Leistungen, unabhängig von deren Fertigstellungsgrad.

3. Zu der ganz oder teilweise ausgeführten Leistung gehören nicht die noch nicht eingebauten Stoffe und Bauteile sowie die Baustelleneinrichtung und Absteckungen. Zu der ganz oder teilweise ausgeführten Leistung gehören ebenfalls nicht Baubehelfe, z. B. Gerüste, auch wenn diese als Besondere Leistung oder selbständig vergeben sind.

§ 8 Kündigung durch den Auftraggeber

1. (1) Der Auftraggeber kann bis zur Vollendung der Leistung jederzeit den Vertrag kündigen.

   (2) Dem Auftragnehmer steht die vereinbarte Vergütung zu. Er muß sich jedoch anrechnen lassen, was er infolge der Aufhebung des Vertrags an Kosten erspart oder durch anderweitige Verwendung seiner Arbeitskraft und seines Betriebs erwirbt oder zu erwerben böswillig unterläßt (§ 649 BGB).

2. (1) Der Auftraggeber kann den Vertrag kündigen, wenn der Auftragnehmer seine Zahlungen einstellt oder das Insolvenzverfahren bzw. ein vergleich-

bares gesetzliches Verfahren beantragt oder ein solches Verfahren eröffnet wird oder dessen Eröffnung mangels Masse abgelehnt wird.

(2) Die ausgeführten Leistungen sind nach § 6 Nr. 5 abzurechnen. Der Auftraggeber kann Schadenersatz wegen Nichterfüllung des Restes verlangen.

3. (1) Der Auftraggeber kann den Vertrag kündigen, wenn in den Fällen des § 4 Nr. 7 und des § 5 Nr. 4 die gesetzte Frist fruchtlos abgelaufen ist (Entziehung des Auftrags). Die Entziehung des Auftrags kann auf einen in sich abgeschlossenen Teil der vertraglichen Leistung beschränkt werden.

(2) Nach der Entziehung des Auftrags ist der Auftraggeber berechtigt, den noch nicht vollendeten Teil der Leistung zu Lasten des Auftragnehmers durch einen Dritten ausführen zu lassen, doch bleiben seine Ansprüche auf Ersatz des etwa entstehenden weiteren Schadens bestehen. Er ist auch berechtigt auf die weitere Ausführung zu verzichten und Schadenersatz wegen Nichterfüllung zu verlangen, wenn die Ausführung aus den Gründen, die zur Entziehung des Auftrags geführt haben, für ihn kein Interesse mehr hat.

(3) Für die Weiterführung der Arbeiten kann der Auftraggeber Geräte, Gerüste, auf der Baustelle vorhandene andere Einrichtungen und angelieferte Stoffe und Bauteile gegen angemessene Vergütung in Anspruch nehmen.

(4) Der Auftraggeber hat dem Auftragnehmer eine Aufstellung über die entstandenen Mehrkosten und über seine anderen Ansprüche spätestens binnen 12 Werktagen nach Abrechnung mit dem Dritten zuzusenden.

4. Der Auftraggeber kann den Auftrag entziehen, wenn der Auftragnehmer aus Anlaß der Vergabe eine Abrede getroffen hatte, die eine unzulässige Wettbewerbsbeschränkung darstellt. Die Kündigung ist innerhalb von 12 Werktagen nach Bekanntwerden des Kündigungsgrundes auszusprechen. Die Nummer 3 gilt entsprechend.

5. Die Kündigung ist schriftlich zu erklären.

6. Der Auftragnehmer kann Aufmaß und Abnahme der von ihm ausgeführten Leistungen alsbald nach der Kündigung verlangen; er hat unverzüglich eine prüfbare Rechnung über die ausgeführten Leistungen vorzulegen.

7. Eine wegen Verzugs verwirkte, nach Zeit bemessene Vertragsstrafe kann nur für die Zeit bis zum Tag der Kündigung des Vertrags gefordert werden.

§ 9 Kündigung durch den Auftragnehmer

1. Der Auftragnehmer kann den Vertrag kündigen:
   a) wenn der Auftraggeber eine ihm obliegende Handlung unterläßt und dadurch den Auftragnehmer außerstande setzt, die Leistung auszuführen (Annahmeverzug nach §§ 293 ff. BGB),

Anhang

    b) wenn der Auftraggeber eine fällige Zahlung nicht leistet oder sonst in Schuldnerverzug gerät.

2. Die Kündigung ist schriftlich zu erklären. Sie ist erst zulässig, wenn der Auftragnehmer dem Auftraggeber ohne Erfolg eine angemessene Frist zur Vertragserfüllung gesetzt und erklärt hat, daß er nach fruchtlosem Ablauf der Frist den Vertrag kündigen werde.

3. Die bisherigen Leistungen sind nach den Vertragspreisen abzurechnen. Außerdem hat der Auftragnehmer Anspruch auf angemessene Entschädigung nach § 642 BGB, etwaige weitergehende Ansprüche des Auftragnehmers bleiben unberührt.

§ 10 Haftung der Vertragsparteien

1. Die Vertragsparteien haften einander für eigenes Verschulden sowie für das Verschulden ihrer gesetzlichen Vertreter und der Personen, deren sie sich zur Erfüllung ihrer Verbindlichkeiten bedienen (§§ 276, 278 BGB).

2. (1) Entsteht einem Dritten im Zusammenhang mit der Leistung ein Schaden, für den auf Grund gesetzlicher Haftpflichtbestimmungen beide Vertragsparteien haften, so gelten für den Ausgleich zwischen den Vertragsparteien die allgemeinen gesetzlichen Bestimmungen, soweit im Einzelfall nicht anderes vereinbart ist. Soweit der Schaden des Dritten nur die Folge einer Maßnahme ist, die der Auftraggeber in dieser Form angeordnet hat, trägt er den Schaden allein, wenn ihn der Auftragnehmer auf die mit der angeordneten Ausführung verbundene Gefahr nach § 4 Nr. 3 hingewiesen hat.

    (2) Der Auftragnehmer trägt den Schaden allein, soweit er ihn durch Versicherung seiner gesetzlichen Haftpflicht gedeckt hat oder innerhalb der von der Versicherungsaufsichtsbehörde genehmigten Allgemeinen Versicherungsbedingungen zu tarifmäßigen, nicht auf außergewöhnliche Verhältnisse abgestellten Prämien und Prämienzuschlägen bei einem im Inland zum Geschäftsbetrieb zugelassenen Versicherer hätte decken können.

3. Ist der Auftragnehmer einem Dritten nach §§ 823 ff. BGB zu Schadenersatz verpflichtet wegen unbefugten Betretens oder Beschädigung angrenzender Grundstücke, wegen Entnahme oder Auflagerung von Boden oder anderen Gegenständen außerhalb der vom Auftraggeber dazu angewiesenen Flächen oder wegen der Folgen eigenmächtiger Versperrung von Wegen oder Wasserläufen, so trägt er im Verhältnis zum Auftraggeber den Schaden allein.

4. Für die Verletzung gewerblicher Schutzrechte haftet im Verhältnis der Vertragsparteien zueinander der Auftragnehmer allein, wenn er selbst das geschützte Verfahren oder die Verwendung geschützter Gegenstände angeboten oder wenn der Auftraggeber die Verwendung vorgeschrieben und auf das Schutzrecht hingewiesen hat.

5. Ist eine Vertragspartei gegenüber der anderen nach Nummern 2, 3 oder 4 von der Ausgleichspflicht befreit, so gilt diese Befreiung auch zugunsten ihrer gesetzlichen Vertreter und Erfüllungsgehilfen, wenn sie nicht vorsätzlich oder grob fahrlässig gehandelt haben.

6. Soweit eine Vertragspartei von dem Dritten für einen Schaden in Anspruch genommen wird, den nach Nummern 2, 3 oder 4 die andere Vertragspartei zu tragen hat, kann sie verlangen, daß ihre Vertragspartei sie von der Verbindlichkeit gegenüber dem Dritten befreit. Sie darf den Anspruch des Dritten nicht anerkennen oder befriedigen, ohne der anderen Vertragspartei vorher Gelegenheit zur Äußerung gegeben zu haben.

§ 11 Vertragsstrafe

1. Wenn Vertragsstrafen vereinbart sind, gelten die §§ 339 bis 345 BGB.

2. Ist die Vertragsstrafe für den Fall vereinbart, daß der Auftragnehmer nicht in der vorgesehen Frist erfüllt, so wird sie fällig, wenn der Auftragnehmer in Verzug gerät.

3. Ist die Vertragsstrafe nach Tagen bemessen, so zählen nur Werktage; ist sie nach Wochen bemessen, so wird jeder Werktag angefangener Wochen als $\frac{1}{6}$ Woche gerechnet.

4. Hat der Auftraggeber die Leistung abgenommen, so kann er die Strafe nur verlangen, wenn er dies bei der Abnahme vorbehalten hat.

§ 12 Abnahme

1. Verlangt der Auftragnehmer nach der Fertigstellung – gegebenenfalls auch vor Ablauf der vereinbarten Ausführungsfrist – die Abnahme der Leistung, so hat sie der Auftraggeber binnen 12 Werktagen durchzuführen; eine andere Frist kann vereinbart werden.

2. Auf Verlangen sind in sich abgeschlossene Teile besonders abzunehmen.

3. Wegen wesentlicher Mängel kann die Abnahme bis zur Beseitigung verweigert werden.

4. (1) Eine förmliche Abnahme hat stattzufinden, wenn eine Vertragspartei es verlangt. Jede Partei kann auf ihre Kosten einen Sachverständigen zuziehen. Der Befund ist in gemeinsamer Verhandlung schriftlich niederzulegen. In die Niederschrift sind etwaige Vorbehalte wegen bekannter Mängel und wegen Vertragsstrafen aufzunehmen, ebenso etwaige Einwendungen des Auftragnehmers. Jede Partei erhält eine Ausfertigung.

(2) Auf Verlangen sind in sich abgeschlossene Teile der Leistung besonders abzunehmen.

Anhang

5. (1) Wird keine Abnahme verlangt, so gilt die Leistung als abgenommen mit Ablauf von 12 Werktagen nach schriftlicher Mitteilung über die Fertigstellung der Leistung.

(2) Hat der Auftraggeber die Leistung oder einen Teil der Leistung in Benutzung genommen, so gilt die Abnahme nach Ablauf von 6 Werktagen nach Beginn der Benutzung als erfolgt, wenn nichts anderes vereinbart ist. Die Benutzung von Teilen einer baulichen Anlage zur Weiterführung der Arbeiten gilt nicht als Abnahme.

(3) Vorbehalte wegen bekannter Mängel oder wegen Vertragsstrafen hat der Auftraggeber spätestens zu den in den Absätzen 1 und 2 bezeichneten Zeitpunkten geltend zu machen.

6. Mit der Abnahme geht die Gefahr auf den Auftraggeber über, soweit er sie nicht schon nach § 7 trägt.

§ 13 Gewährleistung

1. Der Auftragnehmer übernimmt die Gewähr, daß seine Leistung zur Zeit der Abnahme die vertraglich zugesicherten Eigenschaften hat, den anerkannten Regeln der Technik entspricht und nicht mit Fehlern behaftet ist, die den Wert oder die Tauglichkeit zu dem gewöhnlichen oder dem nach dem Vertrag vorausgesetzten Gebrauch aufheben oder mindern.

2. Bei Leistungen nach Probe gelten die Eigenschaften der Probe als zugesichert, soweit nicht Abweichungen nach der Verkehrssitte als bedeutungslos anzusehen sind. Dies gilt auch für Proben, die erst nach Vertragsabschluß als solche anerkannt sind.

3. Ist ein Mangel zurückzuführen auf die Leistungsbeschreibung oder auf Anordnungen des Auftraggebers, auf die von diesem gelieferten oder vorgeschriebenen Stoffe oder Bauteile oder die Beschaffenheit der Vorleistung eines anderen Unternehmers, so ist der Auftragnehmer von der Gewährleistung für diese Mängel frei, außer wenn er die ihm nach § 4 Nr. 3 obliegende Mitteilung über die zu befürchtenden Mängel unterlassen hat.

4. (1) Ist für die Gewährleistung keine Verjährungsfrist im Vertrag vereinbart, so beträgt sie für Bauwerke und für Holzerkrankungen 2 Jahre, für Arbeiten an einem Grundstück und für die vom Feuer berührten Teile von Feuerungsanlagen ein Jahr.

(2) Bei maschinellen und elektrotechnischen/elektronischen Anlagen oder Teilen davon bei denen die Wartung Einfluß auf die Sicherheit und Funktionsfähigkeit hat beträgt die Verjährungsfrist für die Gewährleistungsansprüche abweichend von Absatz 1 ein Jahr, wenn der Auftraggeber sich dafür entschieden hat, dem Auftragnehmer die Wartung für die Dauer der Verjährungsfrist nicht zu übertragen.

III. VOB Teil B

(3) Die Frist beginnt mit der Abnahme der gesamten Leistung; nur für in sich abgeschlossene Teile der Leistung beginnt sie mit der Teilabnahme (§ 12 Nr. 2a).

5. (1) Der Auftragnehmer ist verpflichtet, alle während der Verjährungsfrist hervortretenden Mängel, die auf vertragswidrige Leistung zurückzuführen sind, auf seine Kosten zu beseitigen, wenn es der Auftraggeber vor Ablauf der Frist schriftlich verlangt. Der Anspruch auf Beseitigung der gerügten Mängel verjährt mit Ablauf der Regelfristen der Nummer 4, gerechnet vom Zugang des schriftlichen Verlangens an, jedoch nicht vor Ablauf der vereinbarten Frist. Nach Abnahme der Mängelbeseitigungsleistung beginnen für diese Leistung die Regelfristen der Nummer 4, wenn nichts anderes vereinbart ist.

(2) Kommt der Auftragnehmer der Aufforderung zur Mängelbeseitigung in einer vom Auftraggeber gesetzten angemessenen Frist nicht nach, so kann der Auftraggeber die Mängel auf Kosten des Auftragnehmers beseitigen lassen.

6. Ist die Beseitigung des Mangels unmöglich oder würde sie einen unverhältnismäßig hohen Aufwand erfordern und wird sie deshalb vom Auftragnehmer verweigert, so kann der Auftraggeber Minderung der Vergütung verlangen (§ 634 Abs. 4, § 472 BGB). Der Auftraggeber kann ausnahmsweise auch dann Minderung der Vergütung verlangen, wenn die Beseitigung des Mangels für ihn unzumutbar ist.

7. (1) Ist ein wesentlicher Mangel, der die Gebrauchsfähigkeit erheblich beeinträchtigt, auf ein Verschulden des Auftragnehmers oder seiner Erfüllungsgehilfen zurückzuführen, so ist der Auftragnehmer außerdem verpflichtet, dem Auftraggeber den Schaden an der baulichen Anlage zu ersetzen, zu deren Herstellung, Instandhaltung oder Änderung die Leistung dient.

(2) Den darüber hinausgehenden Schaden hat er nur dann zu ersetzen:
a) wenn der Mangel auf Vorsatz oder grober Fahrlässigkeit beruht,
b) wenn der Mangel auf einem Verstoß gegen die anerkannten Regeln der Technik beruht
c) wenn der Mangel in dem Fehlen einer vertraglich zugesicherten Eigenschaft besteht oder
d) soweit der Auftragnehmer den Schaden durch Versicherung seiner gesetzlichen Haftpflicht gedeckt hat oder innerhalb der von der Versicherungsaufsichtsbehörde genehmigten Allgemeinen Versicherungsbedingungen zu tarifmäßigen, nicht auf außergewöhnliche Verhältnisse abgestellten Prämien und Prämienzuschlägen bei einem im Inland zum Geschäftsbetrieb zugelassenen Versicherer hätte decken können.

(3) Abweichend von Nummer 4 gelten die gesetzlichen Verjährungsfristen, soweit sich der Auftragnehmer nach Absatz 2 durch Versicherung geschützt hat oder hätte schützen können oder soweit ein besonderer Versicherungsschutz vereinbart ist.

Anhang

(4) Eine Einschränkung oder Erweiterung der Haftung kann in begründeten Sonderfällen vereinbart werden.

§ 14 Abrechnung

1. Der Auftragnehmer hat seine Leistungen prüfbar abzurechnen. Er hat die Rechnungen übersichtlich aufzustellen und dabei die Reihenfolge der Posten einzuhalten und die in den Vertragsbestandteilen enthaltenen Bezeichnungen zu verwenden. Die zum Nachweis von Art und Umfang der Leistung erforderlichen Mengenberechnungen, Zeichnungen und andere Belege sind beizufügen. Änderungen und Ergänzungen des Vertrags sind in der Rechnung besonders kenntlich zu machen; sie sind auf Verlangen getrennt abzurechnen.

2. Die für die Abrechnung notwendigen Feststellungen sind dem Fortgang der Leistung entsprechend möglichst gemeinsam vorzunehmen. Die Abrechnungsbestimmungen in den Technischen Vertragsbedingungen und den anderen Vertragsunterlagen sind zu beachten. Für Leistungen, die bei Weiterführung der Arbeiten nur schwer feststellbar sind, hat der Auftragnehmer rechtzeitig gemeinsame Feststellungen zu beantragen.

3. Die Schlußrechnung muß bei Leistungen mit einer vertraglichen Ausführungsfrist von höchstens 3 Monaten spätestens 12 Werktage nach Fertigstellung eingereicht werden, wenn nichts anderes vereinbart ist; diese Frist wird um je 6 Werktage für je weitere 3 Monate Ausführungsfrist verlängert.

4. Reicht der Auftragnehmer eine prüfbare Rechnung nicht ein, obwohl ihm der Auftraggeber dafür eine angemessene Frist gesetzt hat, so kann sie der Auftraggeber selbst auf Kosten des Auftragnehmers aufstellen.

§ 15 Stundenlohnarbeiten

1. (1) Stundenlohnarbeiten werden nach den vertraglichen Vereinbarungen abgerechnet.

   (2) Soweit für die Vergütung keine Vereinbarungen getroffen worden sind, gilt die ortsübliche Vergütung. Ist diese nicht zu ermitteln, so werden die Aufwendungen des Auftragnehmers für Lohn- und Gehaltskosten der Baustelle, Lohn- und Gehaltsnebenkosten der Baustelle, Stoffkosten der Baustelle, Kosten der Einrichtungen, Geräte, Maschinen und maschinellen Anlagen der Baustelle, Fracht-, Fuhr- und Ladekosten, Sozialkassenbeiträge und Sonderkosten, die bei wirtschaftlicher Betriebsführung entstehen, mit angemessenen Zuschlägen für Gemeinkosten und Gewinn (einschließlich allgemeinem Unternehmerwagnis) zuzüglich Umsatzsteuer vergütet.

2. Verlangt der Auftraggeber, daß die Stundenlohnarbeiten durch einen Polier oder eine andere Aufsichtsperson beaufsichtigt werden, oder ist die

Aufsicht nach den einschlägigen Unfallverhütungsvorschriften notwendig, so gilt Nummer 1 entsprechend.

3. Dem Auftraggeber ist die Ausführung von Stundenlohnarbeiten vor Beginn anzuzeigen. Über die geleisteten Arbeitsstunden und den dabei erforderlichen, besonders zu vergütenden Aufwand für den Verbrauch von Stoffen, für Vorhaltung von Einrichtungen, Geräten, Maschinen und maschinellen Anlagen, für Frachten, Fuhr- und Ladeleistungen sowie etwaige Sonderkosten sind, wenn nichts anderes vereinbart ist, je nach der Verkehrssitte werktäglich oder wöchentlich Listen (Stundenlohnzettel) einzureichen. Der Auftraggeber hat die von ihm bescheinigten Stundenlohnzettel unverzüglich, spätestens jedoch innerhalb von 6 Werktagen nach Zugang, zurückzugeben. Dabei kann er Einwendungen auf den Stundenlohnzetteln oder gesondert schriftlich erheben. Nicht fristgemäß zurückgegebene Stundenlohnzettel gelten als anerkannt.

4. Stundenlohnrechnungen sind alsbald nach Abschluß der Stundenlohnarbeiten, längstens jedoch in Abständen von 4 Wochen, einzureichen. Für die Zahlung gilt § 16.

5. Wenn Stundenlohnarbeiten zwar vereinbart waren, über den Umfang der Stundenlohnleistungen aber mangels rechtzeitiger Vorlage der Stundenlohnzettel Zweifel bestehen, so kann der Auftraggeber verlangen, daß für die nachweisbar ausgeführten Leistungen eine Vergütung vereinbart wird, die nach Maßgabe von Nummer 1 Abs. 2 für einen wirtschaftlich vertretbaren Aufwand an Arbeitszeit und Verbrauch von Stoffen, for Vorhaltung von Einrichtungen, Geräten, Maschinen und maschinellen Anlagen, für Frachten, Fuhr- und Ladeleistungen sowie etwaige Sonderkosten ermittelt wird.

§ 16 Zahlung

1. (1) Abschlagszahlungen sind auf Antrag in Höhe des Wertes der jeweils nachgewiesenen vertragsgemäßen Leistungen einschließlich des ausgewiesenen, darauf entfallenden Umsatzsteuerbetrags in möglichst kurzen Zeitabständen zu gewähren. Die Leistungen sind durch eine prüfbare Aufstellung nachzuweisen, die eine rasche und sichere Beurteilung der Leistungen ermöglichen muß. Als Leistungen gelten hierbei auch die für die geforderte Leistung eigens angefertigten und bereitgestellten Bauteile sowie die auf der Baustelle angelieferten Stoffe und Bauteile, wenn dem Auftraggeber nach seiner Wahl das Eigentum an ihnen übertragen ist oder entsprechende Sicherheit gegeben wird.

(2) Gegenforderungen können einbehalten werden. Andere Einbehalte sind nur in den im Vertrag und in den gesetzlichen Bestimmungen vorgesehenen Fällen zulässig.

(3) Abschlagszahlungen sind binnen 18 Werktagen nach Zugang der Aufstellung zu leisten.

Anhang

(4) Die Abschlagszahlungen sind ohne Einfluß auf die Haftung und Gewährleistung des Auftragnehmers; sie gelten nicht als Abnahme von Teilen der Leistung.

2. (1) Vorauszahlungen können auch nach Vertragsabschluß vereinbart werden, hierfür ist auf Verlangen des Auftraggebers ausreichende Sicherheit zu leisten. Diese Vorauszahlungen sind, sofern nichts anderes vereinbart wird, mit 1 v. H. über dem Zinssatz der Spitzenrefinanzierungsfazilität der Europäischen Zentralbank zu verzinsen.

(2) Vorauszahlungen sind auf die nächstfälligen Zahlungen anzurechnen, soweit damit Leistungen abzugelten sind, für welche die Vorauszahlungen gewährt worden sind.

3. (1) Die Schlußzahlung ist alsbald nach Prüfung und Feststellung der vom Auftragnehmer vorgelegten Schlußrechnung zu leisten, spätestens innerhalb von 2 Monaten nach Zugang. Die Prüfung der Schlußrechnung ist nach Möglichkeit zu beschleunigen. Verzögert sie sich, so ist das unbestrittene Guthaben als Abschlagszahlung sofort zu zahlen.

(2) Die vorbehaltlose Annahme der Schlußzahlung schließt Nachforderungen aus, wenn der Auftragnehmer über die Schlußzahlung schriftlich unterrichtet und auf die Ausschlußwirkung hingewiesen wurde.

(3) Einer Schlußzahlung steht es gleich, wenn der Auftraggeber unter Hinweis auf geleistete Zahlungen weitere Zahlungen endgültig und schriftlich ablehnt.

(4) Auch früher gestellte, aber unerledigte Forderungen werden ausgeschlossen, wenn sie nicht nochmals vorbehalten werden.

(5) Ein Vorbehalt ist innerhalb von 24 Werktagen nach Zugang der Mitteilung nach Absätzen 2 und 3 über die Schlußzahlung zu erklären. Er wird hinfällig, wenn nicht innerhalb von weiteren 24 Werktagen eine prüfbare Rechnung über die vorbehaltenen Forderungen eingereicht oder, wenn das nicht möglich ist, der Vorbehalt eingehend begründet wird.

(6) Die Ausschlußfristen gelten nicht für ein Verlangen nach Richtigstellung der Schlußrechnung und -zahlung wegen Aufmaß-, Rechen- und Übertragungsfehlern.

4. In sich abgeschlossene Teile der Leistung können nach Teilabnahme ohne Rücksicht auf die Vollendung der übrigen Leistungen endgültig festgestellt und bezahlt werden.

5. (1) Alle Zahlungen sind aufs äußerste zu beschleunigen.

(2) Nicht vereinbarte Skontoabzüge sind unzulässig.

(3) Zahlt der Auftraggeber bei Fälligkeit nicht, so kann ihm der Auftragnehmer eine angemessene Nachfrist setzen. Zahlt er auch innerhalb der Nachfrist nicht, so hat der Auftragnehmer vom Ende der Nachfrist an Anspruch auf Zinsen in Höhe von 5 v.H. über dem Zinssatz der Spitzenrefinanzierungsfazilität der Europäischen Zentralbank, wenn er nicht einen höheren Verzugsschaden nachweist. Außerdem darf er die Arbeiten bis zur Zahlung einstellen.

6. Der Auftraggeber ist berechtigt, zur Erfüllung seiner Verpflichtungen aus Nummern 1 bis 5 Zahlungen an Gläubiger des Auftragnehmers zu leisten, soweit sie an der Ausführung der vertraglichen Leistung des Auftragnehmers aufgrund eines mit diesem abgeschlossenen Dienst- oder Werkvertrags beteiligt sind und der Auftragnehmer in Zahlungsverzug gekommen ist. Der Auftragnehmer ist verpflichtet, sich auf Verlangen des Auftraggebers innerhalb einer von diesem gesetzten Frist darüber zu erklären, ob und inwieweit er die Forderungen seiner Gläubiger anerkennt; wird diese Erklärung nicht rechtzeitig abgegeben, so gelten die Forderungen als anerkannt und der Zahlungsverzug als bestätigt.

§ 17 Sicherheitsleistung

1. (1) Wenn Sicherheitsleistung vereinbart ist, gelten die §§ 232 bis 240 BGB, soweit sich aus den nachstehenden Bestimmungen nichts anderes ergibt.

   (2) Die Sicherheit dient dazu, die vertragsgemäße Ausführung der Leistung und die Gewährleistung sicherzustellen.

2. Wenn im Vertrag nichts anderes vereinbart ist, kann Sicherheit durch Einbehalt oder Hinterlegung von Geld oder durch Bürgschaft eines Kreditinstituts oder Kreditversicherers geleistet werden, sofern das Kreditinstitut oder der Kreditversicherer
   - in der Europäischen Gemeinschaft oder
   - in einem Staat der Vertragsparteien des Abkommens über den Europäischen Wirtschaftsraum oder
   - in einem Staat der Vertragsparteien des WTO-Übereinkommens über das öffentliche Beschaffungswesen

   zugelassen ist.

3. Der Auftragnehmer hat die Wahl unter den verschiedenen Arten der Sicherheit; er kann eine Sicherheit durch eine andere ersetzen.

4. Bei Sicherheitsleistung durch Bürgschaft ist Voraussetzung, daß der Auftraggeber den Bürgen als tauglich anerkannt hat. Die Bürgschaftserklärung ist schriftlich unter Verzicht auf die Einrede der Vorausklage abzugeben (§ 771 BGB); sie darf nicht auf bestimmte Zeit begrenzt und muß nach Vorschrift des Auftraggebers ausgestellt sein.

5. Wird Sicherheit durch Hinterlegung von Geld geleistet, so hat der Auftragnehmer den Betrag bei einem zu vereinbarenden Geldinstitut auf

Anhang

ein Sperrkonto einzuzahlen, über das beide Parteien nur gemeinsam verfügen können. Etwaige Zinsen stehen dem Auftragnehmer zu.

6. (1) Soll der Auftraggeber vereinbarungsgemäß die Sicherheit in Teilbeträgen von seinen Zahlungen einbehalten, so darf er jeweils die Zahlung um höchstens 10 v.H. kürzen, bis die vereinbarte Sicherheitssumme erreicht ist. Den jeweils einbehaltenen Betrag hat er dem Auftragnehmer mitzuteilen und binnen 18 Werktagen nach dieser Mitteilung auf Sperrkonto bei dem vereinbarten Geldinstitut einzuzahlen. Gleichzeitig muß er veranlassen, daß dieses Geldinstitut den Auftragnehmer von der Einzahlung des Sicherheitsbetrags benachrichtigt. Nr. 5 gilt entsprechend.

(2) Bei kleineren oder kurzfristigen Aufträgen ist es zulässig, daß der Auftraggeber den einbehaltenen Sicherheitsbetrag erst bei der Schlußzahlung auf Sperrkonto einzahlt.

(3) Zahlt der Auftraggeber den einbehaltenen Betrag nicht rechtzeitig ein, so kann ihm der Auftragnehmer hierfür eine angemessene Nachfrist setzen. Läßt der Auftraggeber auch diese verstreichen, so kann der Auftragnehmer die sofortige Auszahlung des einbehaltenen Betrags verlangen und braucht dann keine Sicherheit mehr zu leisten.

(4) Öffentliche Auftraggeber sind berechtigt, den als Sicherheit einbehaltenen Betrag auf eigenes Verwahrgeldkonto zu nehmen; der Betrag wird nicht verzinst.

7. Der Auftragnehmer hat die Sicherheit binnen 18 Werktagen nach Vertragsabschluß zu leisten, wenn nichts anderes vereinbart ist. Soweit er diese Verpflichtung nicht erfüllt hat, ist der Auftraggeber berechtigt, vom Guthaben des Auftragnehmers einen Betrag in Höhe der vereinbarten Sicherheit einzubehalten. Im übrigen gelten Nummern 5 und 6 außer Absatz 1 Satz 1 entsprechend.

8. Der Auftraggeber hat eine nicht verwertete Sicherheit zum vereinbarten Zeitpunkt, spätestens nach Ablauf der Verjährungsfrist für die Gewährleistung zurückzugeben. Soweit jedoch zu dieser Zeit seine Ansprüche noch nicht erfüllt sind, darf er einen entsprechenden Teil der Sicherheit zurückhalten.

§ 18 Streitigkeiten

1. Liegen die Voraussetzungen für eine Gerichtsstandvereinbarung nach § 38 Zivilprozeßordnung vor, richtet sich der Gerichtsstand für Streitigkeiten aus dem Vertrag nach dem Sitz der für die Prozeßvertretung des Auftraggebers zuständigen Stelle, wenn nichts anderes vereinbart ist. Sie ist dem Auftragnehmer auf Verlangen mitzuteilen.

2. Entstehen bei Verträgen mit Behörden Meinungsverschiedenheiten, so soll der Auftragnehmer zunächst die der auftraggebenden Stelle unmittelbar

vorgesetzte Stelle anrufen. Diese soll dem Auftragnehmer Gelegenheit zur mündlichen Aussprache geben und ihn möglichst innerhalb von 2 Monaten nach der Anrufung schriftlich bescheiden und dabei auf die Rechtsfolgen des Satzes 3 hinweisen. Die Entscheidung gilt als anerkannt, wenn der Auftragnehmer nicht innerhalb von 2 Monaten nach Eingang des Bescheides schriftlich Einspruch beim Auftraggeber erhebt und dieser ihn auf die Ausschlußfrist hingewiesen hat.

3. Bei Meinungsverschiedenheiten über die Eigenschaft von Stoffen und Bauteilen, für die allgemeingültige Prüfungsverfahren bestehen, und über die Zulässigkeit oder Zuverlässigkeit der bei der Prüfung verwendeten Maschinen oder angewendeten Prüfungsverfahren kann jede Vertragspartei nach vorheriger Benachrichtigung der anderen Vertragspartei die materialtechnische Untersuchung durch eine staatliche oder staatlich anerkannte Materialprüfungsstelle vornehmen lassen; deren Feststellungen sind verbindlich. Die Kosten trägt der unterliegende Teil.

4. Streitfälle berechtigen den Auftragnehmer nicht, die Arbeiten einzustellen.

IV. VOB 2000: Die Änderungen in der VOB/B

Ergänzungen bzw. Neuformulierungen sind nachfolgend **fett** gedruckt:

§ 2 Nr. 8 Abs. 2, Satz 3 VOB/B:

Eine Vergütung steht dem Auftragnehmer jedoch zu, wenn der Auftraggeber solche Leistungen nachträglich anerkennt. Eine Vergütung steht ihm auch zu, wenn die Leistungen für die Erfüllung des Vertrages notwendig waren, dem mutmaßlichen Willen des Auftraggebers entsprachen und ihm unverzüglich angezeigt wurden. **Soweit dem Auftragnehmer eine Vergütung zusteht, gelten die Berechnungsgrundlagen für geänderte oder zusätzliche Leistungen der Nummer 5 oder 6 entsprechend.**

§ 4 Nr. 8 Abs. 1, Satz 3 VOB/B:

Erbringt der Auftragnehmer ohne schriftliche Zustimmung des Auftraggebers Leistungen nicht im eigenen Betrieb, obwohl sein Betrieb darauf eingerichtet ist, kann der Auftraggeber ihm eine angemessene Frist zu Aufnahme der Leistung im eigenen Betrieb setzen und erklären, dass er ihm nach fruchtlosem Ablauf der Frist den Auftrag entziehe (§ 8 Nr. 3 VOB/B).

§ 4 Nr. 10 VOB/B:

Der Zustand von Teilen der Leistung ist auf Verlangen gemeinsam von Auftraggeber und Auftragnehmer festzustellen, wenn diese Teile der Leistung durch die weitere Ausführung der Prüfung und Feststellung entzogen werden. Das Ergebnis ist schriftlich niederzulegen.

§ 6 Nr. 2 Abs. 1 a) VOB/B:

… durch einen **Umstand aus dem Risikobereich des Auftraggebers**.

§ 7 Nr. 1 VOB/B:

Wird die ganz oder teilweise ausgeführte Leistung vor der Abnahme durch höhere Gewalt, Krieg, Aufruhr oder andere **objektiv** unabwendbare, vom Auftragnehmer nicht zu vertretende Umstände beschädigt oder zerstört, so hat dieser für die ausgeführten Teile der Leistung die Ansprüche nach § 6 Nr. 5 für andere Schäden besteht keine gegenseitige Ersatzpflicht.

§ 8 Nr. 2 Abs. 1 VOB/B:

Der Auftraggeber kann den Vertrag kündigen, wenn der Auftragnehmer seine Zahlungen einstellt **oder das Insolvenzverfahren bzw. ein ver-**

gleichbares gesetzliches Verfahren beantragt oder ein solches Verfahren eröffnet wird oder dessen Eröffnung mangels Masse abgelehnt wird.

§ 12 Nr. 2 VOB/B:

Auf Verlangen sind in sich abgeschlossene Teile der Leistung besonders abzunehmen.

§ 16 Nr. 2 Abs. 1, Satz 2 VOBIB:

Diese Vorauszahlungen sind, sofern nichts anderes vereinbart ist, mit 1 v.H. **über dem Zinssatz der Spitzenrefinanzierungsfazilität der Europäischen Zentralbank zu verzinsen.**

§ 16 Nr. 5 Abs. 3, Satz 2 VOB/B:

Zahlt er auch innerhalb der Nachfrist nicht, so hat der Auftragnehmer vom Ende der Nachfrist an Anspruch auf Zinsen in Höhe von **5 v.H. über dem Zinssatz der Spitzenrefinanzierungsfazilität der Europäischen Zentralbank,** wenn er nicht einen höheren Verzugsschaden nachweist.

V. Geänderter Vorschlag für eine RICHTLINIE DES EUROPÄISCHEN PARLAMENTS UND DES RATES zur Bekämpfung von Zahlungsverzug im Geschäftsverkehr (1998/0099 (COB))

(Text: Amt für amtliche Veröffentlichungen der Europäischen Gemeinschaften, Luxemburg, Katalognummer KT-(0-00-127-DE-C; KOM (2000) 133 endg.))

(Text von Bedeutung für den EWR)

DAS EUROPÄISCHE PARLAMENT UND DER RAT DER EUROPÄISCHEN UNION,

gestützt auf den Vertrag zur Gründung der Europäischen Gemeinschaft, insbesondere auf Artikel 95,

auf Vorschlag der Kommission[1]

nach Stellungnahme des Wirtschafts- und Sozialausschusses[2],

gemäß dem Verfahren des Artikels 251 des Vertrags[3],

in Erwägung nachstehender Gründe:

(1) In seiner Entschließung zum Integrierten Programm für die KMU und das Handwerk[4] forderte das Europäische Parlament die Kommission auf, Vorschläge zur Behandlung des Problems des Zahlungsverzugs zu unterbreiten.

(2) Am 12. Mai 1995 verabschiedete die Kommission eine Empfehlung über die Zahlungsfristen im Handelsverkehr[5].

(3) In seiner Entschließung zu der Empfehlung der Kommission über die Zahlungsfristen im Handelsverkehr[6] forderte das Europäische Parlament die Kommission auf, die Umwandlung ihrer Empfehlung in einen Vorschlag für eine Richtlinie des Rates in Erwägung zu ziehen, der möglichst bald vorgelegt werden sollte.

(4) Am 29. Mai 1997 verabschiedete der Wirtschafts- und Sozialausschuß eine Stellungnahme zum Grünbuch der Kommission: „Das öffentliche Auftragswesen in der Europäischen Union: Überlegungen für die Zukunft"[7], in

---

[1] ABl. C 168 vom 3.6.1998, S. 13 und ABl. C 374 vom 3.12.1998, S. 4.
[2] ABl. C 407 vom 28.12.1998, S. 50.
[3] Stellungnahme des Europäischen Parlaments vom 17. September 1998 (ABl. C 313 vom 12.10.1998, S. 142). Gemeinsamer Standpunkt des Rates vom 29.7.1999 (ABl. C 284 vom 6.10.1999, S. 1) und Standpunkt der des Europäischen Parlaments vom 16.12.1999.
[4] ABl. C 323 vom 21.11.1994, S. 19.
[5] ABl. L 127 vom 10.6.1995, S. 19.
[6] ABl. C 211 vom 22.7.1996, S. 43.
[7] ABl. C 287 vom 22.9.1997, S. 92.

V. Vorschlag für eine Richtlinie des europäischen Parlaments — Anhang

der maximale Zahlungsfristen und Verzugszinsen für öffentliche Auftraggeber vorgeschlagen wurden.

(5) Am 4. Juni 1997 veröffentlichte die Kommission einen Aktionsplan für den Binnenmarkt, in dem betont wird, daß sich der Zahlungsverzug immer mehr zu einem ernsthaften Hindernis für den Erfolg des Binnenmarktes entwickelt.

(6) Am 17. Juli 1997 veröffentlichte die Kommission einen Bericht über Zahlungsverzug im Handelsverkehr[8], in dem die Ergebnisse einer Bewertung der Auswirkungen ihrer Empfehlung vom 12. Mai 1995 zusammengefaßt sind.

(7) Den Unternehmen, insbesondere kleinen und mittleren, verursachen übermäßig lange Zahlungsfristen und Zahlungsverzug große Verwaltungs- und Finanzlasten. Überdies zählen diese Probleme zu den Hauptgründen für Insolvenzen, die den Bestand des Unternehmens gefährden, und führen zum Verlust zahlreicher Arbeitsplätze.

(8) In einigen Mitgliedstaaten unterscheiden sich die vertraglich vorgesehenen Zahlungsfristen erheblich vom Gemeinschaftsdurchschnitt.

(9) Die Unterschiede zwischen den Zahlungsbestimmungen und -praktiken in den Mitgliedstaaten beeinträchtigen das reibungslose Funktionieren des Binnenmarktes.

(10) Dies hat eine beträchtliche Einschränkung des Geschäftsverkehrs zwischen den Mitgliedstaaten zur Folge. Es widerspricht Artikel 14 des Vertrags, da Unternehmer in der Lage sein sollten, im gesamten Binnenmarkt unter Bedingungen Handel zu treiben, die gewährleisten, daß grenzüberschreitende Geschäfte nicht größere Risiken mit sich bringen als Inlandsverkäufe. Es käme zu Wettbewerbsverzerrungen, wenn es für den Binnen- und den grenzüberschreitenden Handel Regeln gäbe, die sich wesentlich voneinander unterscheiden.

(11) Aus den jüngsten Statistiken geht hervor, daß sich die Zahlungsdisziplin in vielen Mitgliedstaaten seit Annahme der Empfehlung vom 12. Mai 1995 im günstigsten Falle nicht verbessert hat.

(12) Das Ziel der Bekämpfung des Zahlungsverzugs im Binnenmarkt kann von den Mitgliedstaaten nicht ausreichend verwirklicht werden, wenn sie einzeln tätig werden; es kann daher besser auf Gemeinschaftsebene erreicht werden. Diese Richtlinie geht nicht über das zur Erreichung dieses Ziels Erforderliche hinaus. Sie entspricht daher insgesamt den Erfordernissen des Subsidiaritäts- und des Verhältnismäßigkeitsprinzips nach Artikel 5 des Vertrags.

---

[8] ABl. C 216 vom 17.7.1997, S. 10.

Anhang

(13) Diese Richtlinie ist auf die als Entgelt für Handelsgeschäfte geleisteten Zahlungen beschränkt und umfaßt weder Geschäfte mit Verbrauchern noch die Zahlung von Zinsen im Zusammenhang mit anderen Zahlungen, z.B. unter das Scheck- und Wechselrecht fallende Zahlungen oder Schadensersatzzahlungen.

(14) Die Tatsache, daß diese Richtlinie die freien Berufe einbezieht, bedeutet nicht, daß die Mitgliedstaaten sie für nicht unter diese Richtlinie fallende Zwecke als Unternehmen oder Kaufleute zu behandeln haben

(15) Diese Richtlinie definiert zwar den Begriff „vollstreckbarer Titel", regelt jedoch weder die verschiedenen Verfahren der Zwangsvollstreckung eines solchen Titels noch die Bedingungen, unter denen die Zwangsvollstreckung eines solchen Titels eingestellt oder ausgesetzt werden kann.

(16) Zahlungsverzug stellt einen Vertragsbruch dar, der für die Schuldner in den meisten Mitgliedstaaten durch niedrige Verzugszinsen und/oder langsame Beitreibungsverfahren finanzielle Vorteile bringt. Ein durchgreifender Wandel ist erforderlich, um diese Entwicklung umzukehren und um sicherzustellen, daß die Folgen des Zahlungsverzugs sowohl von der Überschreitung der Zahlungsfristen abschrecken als auch die Gläubiger für die ihnen entstandenen Kosten entschädigen.

(17) Bei bestimmten Gruppen von Verträgen kann eine längere Zahlungsfrist in Verbindung mit einer Beschränkung der Vertragsfreiheit oder ein höherer Zinssatz gerechtfertigt sein.

(18) In dieser Richtlinie muß das Problem langer vertraglich vorgesehener Zahlungsfristen behandelt werden.

(19) Der Mißbrauch der Vertragsfreiheit zum Nachteil des Gläubigers sollte nach dieser Richtlinie verboten sein. Innerstaatliche Vorschriften zur Regelung des Vertragsschlusses oder der Gültigkeit von Vertragsbestimmungen, die für den Schuldner unbillig sind, bleiben von dieser Richtlinie unberührt.

(20) Der Eigentumsvorbehalt als Mittel zur Beschleunigung der Zahlungen wird derzeit durch Unterschiede des nationalen Rechts behindert; es muß sichergestellt werden, daß Gläubiger den Eigentumsvorbehalt in der ganzen Gemeinschaft geltend machen und dabei auf eine einheitliche Klausel, die in allen Mitgliedstaaten anerkannt wird, zurückgreifen können, damit vermieden wird, daß übermäßig lange Zahlungsfristen und Zahlungsverzug im Geschäftsverkehr das Funktionieren des Binnenmarkts verzerren.

(21) Öffentliche Auftraggeber leisten in großem Umfang Zahlungen an Unternehmen. Eine strenge Zahlungsmoral öffentlicher Auftraggeber würde sich auf Dauer günstig auf die gesamte Wirtschaft auswirken. Im öffentlichen Auftragswesen verzögern die Auftraggeber ihrerseits die Zahlungen an ihre

V. Vorschlag für eine Richtlinie des europäischen Parlaments **Anhang**

Lieferanten und Nachunternehmer, wobei sie diesen häufig unangemessene Zahlungsfristen aufzwingen, was den Interessen zahlreicher Unternehmen, insbesondere KMU, schwer schadet. Für Zahlungen der Kommission wurde bereits beschlossen, bestimmten Gläubigern das Recht auf Verzugszinsen einzuräumen.

(22) Der Begriff des „öffentlichen Auftraggebers" entspricht der in den Richtlinien 92/50/EWG[9] und 93/37/EWG[10] festgelegten Definition und sollte für die Zwecke dieser Richtlinie auch die „Auftraggeber" gemäß der Richtlinie 93/38/EWG[11] umfassen.

(23) Die Folgen des Zahlungsverzugs können jedoch nur abschreckend wirken, wenn sie mit Beitreibungsverfahren gekoppelt sind, die für den Gläubiger schnell und wirksam sind. Nach dem Grundsatz der Nichtdiskriminierung in Artikel 12 des Vertrags sollten diese Verfahren allen in der Gemeinschaft niedergelassenen Gläubigern zur Verfügung stehen.

(24) Artikel 7 dieser Richtlinie schreibt vor, daß das Beitreibungsverfahren für unbestrittene Forderungen innerhalb eines kurzen Zeitraums im Einklang mit den nationalen Rechtsvorschriften abgeschlossen wird,

HABEN FOLGENDE RICHTLINIE ERLASSEN:

Artikel 1. Anwendungsbereich

Diese Richtlinie ist auf alle Zahlungen, die als Entgelt im Geschäftsverkehr zu leisten sind, anzuwenden.

Artikel 2. Begriffsbestimmungen

Im Sinne dieser Richtlinie bezeichnet der Ausdruck:

1. „Geschäftsverkehr" Geschäftsvorgänge zwischen Unternehmen oder zwischen Unternehmen und öffentlichen Stellen, die zu einer Lieferung von Gütern oder Erbringung von Dienstleistungen gegen Entgelt führen; „Unternehmen" ist jede im Rahmen ihrer unabhängigen wirtschaftlichen oder beruflichen Tätigkeit handelnde Organisation, auch wenn die Tätigkeit von einer einzelnen Person ausgeübt wird;

2. „Zahlungsverzug" die Nichteinhaltung der vertraglich oder gesetzlich vorgesehenen Zahlungsfrist;

---

[9] ABl. L 209 vom 24.7.1992, S. 1.
[10] ABl. L 199 vom 9.8.1993, S. 54.
[11] ABl. L 199 vom 9.8.1993, S. 84.

Anhang

3. „von der Europäischen Zentralbank auf ihre Hauptrefinanzierungsoperationen angewendeter Zinssatz" den Zinssatz, der bei Festsatztendern auf diese Operationen angewendet wird. Wurde eine Hauptrefinanzierungsoperation nach einem variablen Tenderverfahren durchgeführt, so bezieht sich dieser Zinssatz auf den marginalen Zinssatz, der sich aus diesem Tender ergibt. Dies gilt für Begebungen mit einheitlichem und mit variablem Zinssatz;

4. „Eigentumsvorbehalt" die nicht an Formvoraussetzungen gebundene Vereinbarung, daß der Verkäufer bis zur vollständigen Bezahlung Eigentümer des Kaufgegenstandes bleibt; der Begriff „Verkäufer" umfaßt auch den Lieferanten von Kaufgegenständen, die hergestellt oder gefertigt werden müssen;

5. „öffentlicher Auftraggeber" die in den Richtlinien 92/50/EWG und 93/37/EWG festgelegte Definition und umfaßt auch „Auftraggeber" im Sinne der Richtlinie 93/38/EWG;

6. „öffentlicher Auftrag" einen schriftlichen entgeltlichen Vertrag, der zwischen einem öffentlichen Auftraggeber im Sinne von Nummer 5 und einem Unternehmen, das kein öffentlicher Auftraggeber ist, geschlossen wird.

7. „vollstreckbarer Titel" Entscheidungen, Urteile oder Zahlungsbefehle eines Gerichts oder einer anderen zuständigen Behörde, nach denen eine Zahlung unverzüglich oder in Raten zu leisten ist und mit denen der Gläubiger seine Forderung gegen den Schuldner im Wege der Zwangsvollstreckung beitreiben kann; hierzu gehören auch Entscheidungen, Urteile oder Zahlungsbefehle, die vorläufig vollstreckbar sind und dies auch dann bleiben, wenn der Schuldner dagegen einen Rechtsbehelf einlegt.

Artikel 3. Zinsen bei Zahlungsverzug

1. Die Mitgliedstaaten stellen folgendes sicher :

(a) Zinsen gemäß Buchstabe d sind ab dem Tag zu zahlen, der auf den vertraglich festgesetzten Zahlungstermin oder das vertraglich festgelegte Ende der Zahlungsfrist folgt.

(b) Ist der Zahlungstermin oder die Zahlungsfrist nicht vertraglich festgelegt, so sind Zinsen, ohne daß es einer Mahnung bedarf, ohne weiteres zu zahlen:

(i) 21 Tage nach dem Zeitpunkt des Eingangs der Rechnung oder einer gleichwertigen Zahlungsaufforderung beim Schuldner oder

(ii) wenn der Zeitpunkt des Eingangs der Rechnung oder einer gleichwertigen Zahlungsaufforderung unsicher ist, 21 Tage nach dem Zeitpunkt des Empfangs der Güter oder Dienstleistungen oder

(iii) wenn der Schuldner die Rechnung oder die gleichwertige Zahlungsaufforderung vor dem Empfang der Güter oder Dienstleistungen erhält, 21 Tage nach dem Empfang der Guter oder Dienstleistungen oder

(iv) wenn ein Abnahme- oder Überprüfungsverfahren, durch das die Übereinstimmung der Güter oder Dienstleistungen mit dem Vertrag festgestellt werden soll, gesetzlich oder vertraglich vorgesehen ist und wenn der Schuldner die Rechnung oder die gleichwertige Zahlungsaufforderung vor oder zu dem Zeitpunkt, zu dem die Abnahme oder Überprüfung erfolgt, erhält, 21 Tage nach letzterem Zeitpunkt.

(c) Der Gläubiger ist berechtigt, bei Zahlungsverzug Zinsen insoweit geltend zu machen, als er:

(i) seine vertraglichen und gesetzlichen Verpflichtungen erfüllt hat und

(ii) den fälligen Betrag nicht rechtzeitig erhalten hat, es sei denn, daß der Schuldner für die Verzögerung nicht verantwortlich ist.

(d) Die Höhe der Verzugszinsen („gesetzlicher Zinssatz"), zu deren Zahlung der Schuldner verpflichtet ist, ergibt sich aus der Summe des Zinssatzes, der von der Europäischen Zentralbank auf ihre jüngste Hauptrefinanzierungsoperation, die vor dem ersten Kalendertag des betreffenden Halbjahres durchgeführt wurde, angewendet wird („Bezugszinssatz"), zuzüglich mindestens 8 Prozentpunkten („Spanne"), sofern in dem Vertrag nichts anderes bestimmt ist. Für Mitgliedstaaten, die nicht an der dritten Stufe der Wirtschafts- und Währungsunion teilnehmen, ist der Bezugszinssatz der entsprechende Zinssatz ihrer Zentralbank. In beiden Fällen findet der Bezugszinssatz, der am ersten Kalendertag in dem betreffenden Halbjahr in Kraft ist, für die folgenden sechs Monate Anwendung.

(e) Der Gläubiger hat nicht nur Anspruch auf Verzugszinsen, sondern kann vom Schuldner auch Ersatz für den durch dessen Zahlungsverzug bedingten Verlust, auch für folgende Kosten, verlangen:

(i) die Kosten für Bankkredite oder Überziehungskredite des Gläubigers, soweit diese durch den Verzinsungsanspruch nicht voll ausgeglichen werden,

(ii) die im Unternehmen des Gläubigers entstehenden Verwaltungskosten für die Beitreibung,

(iii) die Kosten einer Beitreibung durch eine Beitreibungsfirma und

(iv) die Kosten einer Beitreibung durch Gerichtsverfahren.

Die Mitgliedstaaten können dafür Sorge tragen, daß die Kosten, die aufgrund der Ziffern (ii), (iii) und (iv) geltend gemacht werden können, in einem vertretbaren Verhältnis zu dem jeweiligen Schuldbetrag stehen.

Anhang

2. Für bestimmte, in den nationalen Rechtsvorschriften zu definierende Vertragsarten können die Mitgliedstaaten die Frist, nach deren Ablauf Zinsen zu zahlen sind, auf höchstens 60 Tage festsetzen, sofern sie den Vertragsparteien die Überschreitung dieser Frist untersagen oder einen verbindlichen Zinssatz festlegen, der wesentlich über dem gesetzlichen Zinssatz liegt.

3. Die Mitgliedstaaten stellen sicher, daß eine Vereinbarung über den Zahlungstermin oder die Folgen eines Zahlungsverzugs, die nicht im Einklang mit Absatz 1 Buchstaben b) bis d) und Absatz 2 steht, entweder nicht geltend gemacht werden kann oder einen Schadensersatzanspruch begründet, wenn sie bei Prüfung aller Umstände des Falles, einschließlich der guten Handelspraxis und der Art der Ware, als grob nachteilig für den Gläubiger anzusehen ist. Bei der Entscheidung darüber, ob eine Vereinbarung grob nachteilig für den Gläubiger ist, wird berücksichtigt, ob der Schuldner einen objektiven Grund für die Abweichung von den Bestimmungen von Absatz 1 Buchstaben b) bis d) und Absatz 2 hat oder ob die Vereinbarung hauptsächlich dazu dient, dem Schuldner zu Lasten des Gläubigers zusätzliche Liquidität zu verschaffen. Wenn eine derartige Vereinbarung für grob nachteilig befunden wurde, sind die gesetzlichen Bestimmungen anzuwenden, es sei denn, die nationalen Gerichte legen andere, faire Bedingungen fest.

4. Die Mitgliedstaaten sorgen dafür, daß im Interesse der Gläubiger und der Wettbewerber angemessene und wirksame Mittel vorhanden sind, damit der Verwendung von Klauseln, die als grob nachteilig im Sinne von Absatz 3 zu betrachten sind, eine Ende gemacht wird.

5. Die in Absatz 4 erwähnten Mittel müssen auch Rechtsvorschriften einschließen, wonach Personen oder Organisationen, die die Interessen kleiner und mittlerer Unternehmen im Sinne der Empfehlung 96/280/EG der Kommission[12] vertreten, im Einklang mit den nationalen Rechtsvorschriften die Gerichte oder die zuständigen Verwaltungsbehörden anrufen können, damit diese darüber entscheiden, ob Vertragsklauseln, die im Hinblick auf eine allgemeine Verwendung abgefaßt wurden, grob nachteilig im Sinne von Absatz 3 sind, und angemessene und wirksame Mittel anwenden, um der Verwendung solcher Klauseln ein Ende zu machen.

6. Die in Absatz 5 erwähnten Rechtsbehelfe können sich unter Beachtung der nationalen Rechtsvorschriften getrennt oder gemeinsam gegen mehrere Käufer desselben Wirtschaftssektors oder ihre Verbände richten, die gleiche allgemeine Vertragsklauseln oder ähnliche Klauseln verwenden oder deren Verwendung empfehlen.

---

[12] ABl. L 107 vom 30.4.1996, S. 4.

V. Vorschlag für eine Richtlinie des europäischen Parlaments **Anhang**

Artikel 4. Eigentumsvorbehalt

1. Die Mitgliedstaaten stellen sicher, daß der Verkäufer das Eigentum an Gebrauchsgütern und/oder Investitionsgütern behält, wenn eine Eigentumsvorbehaltsklausel vereinbart wurde. Eine solche Vereinbarung kann in einem Einzelvertrag erfolgen, ist aber auch dann als gültig anzusehen, wenn eine Eigentumsvorbehaltsklausel in den allgemeinen Geschäftsbedingungen des Verkäufers enthalten ist, gegen die der Käufer keinen Einspruch erhoben hat. Es darf keine weitere Formalität vorgeschrieben werden.

2. Die Mitgliedstaaten erkennen die Gültigkeit der im Anhang aufgeführten Klauseln oder Klauseln mit gleichwertiger Wirkung an.

3. Ist das Verzugsdatum abgelaufen, ohne daß der Käufer bezahlt hat, so kann der Verkäufer die gelieferte Ware zurückverlangen. Die Mitgliedstaaten tragen dafür Sorge, daß der Eigentumsvorbehalt auch Dritten gegenüber durchgesetzt werden kann, und zwar auch im Falle eines Konkurses des Schuldners oder im Falle jedes anderen, nach den Rechtsvorschriften der Mitgliedstaaten als vergleichbar anerkannten Verfahrens. Spätestens mit dem Zeitpunkt, zu dem die Ware in den Besitz des Käufers übergeht, geht die Gefahr des Schadens oder Verlusts der Ware auf ihn über.

4. Die Mitgliedstaaten können Bestimmungen über die vom Schuldner bereits geleisteten Anzahlungen erlassen. Sie können die Geltendmachung des Eigentumsvorbehalts in folgenden Fällen einschränken oder ausschließen:

   (a) Fälle, in denen ein Dritter die betreffende Ware gutgläubig erworben hat;

   (b) Fälle, in denen die betreffenden Waren in andere Waren aufgenommen oder mit ihnen vermischt worden sind, ausgenommen Fälle, in denen sich dieser Vorgang ohne erhebliche Schädigung der anderen Waren rückgängig machen läßt.

Artikel 5. Transparenz der Ausschreibungen für öffentliche Aufträge

Die Mitgliedstaaten stellen sicher, daß Ausschreibungen und öffentliche Aufträge genaue Angaben über die von den öffentlichen Auftraggebern angewendeten Zahlungsfristen und Fälligkeitstermine beinhalten, auch wenn diese Termine in gesetzlich festgelegten allgemeinen Submissionsbedingungen geregelt sind. Insbesondere sind Fristen für die Abwicklung von Verfahren festzulegen, die dem eigentlichen Zahlungsvorgang vorgeschaltet sind, wie z.B. die Abnahmeverfahren bei öffentlichen Bauten. Die gleiche Transparenzpflicht gilt für das Verhältnis Hauptunternehmer-Nachunternehmer bei öffentlichen Bauten.

Anhang

Artikel 6. Rasche Zahlung, Verzugsdatum und Verzugszinsen von Amts wegen

Die Mitgliedstaaten stellen sicher, daß:

1. die Frist für das Verzugsdatum nach Artikel 3 Absatz 1 Buchstaben a) bis c) für die Zahlung vertraglich geschuldeter Beträge durch öffentliche Auftraggeber 45 Kalendertage nicht überschreitet, mit Ausnahme der Fälle mit einem Auftragswert von mehr als 100 000 Euro, in denen die Höchstfrist für das Verzugsdatum 60 Kalendertage beträgt; der Vertrag darf in keinem Fall über die genannten Höchstfristen für das Verzugsdatum hinausgehen; bei einem öffentlichen Auftrag muß der Hauptauftragnehmer den Nachunternehmern und Lieferanten Bedingungen einräumen, die mindestens so günstig sind wie diejenigen, die dem Hauptauftragnehmer von dem betreffenden öffentlichen Auftraggeber eingeräumt werden. Um seinen Lieferanten und Nachunternehmern diese Bedingungen zu garantieren, ist der Hauptauftragnehmer verpflichtet, zugunsten der Lieferanten bzw. Nachunternehmer eine Sicherheit zu stellen und dadurch die Zahlung aller geschuldeten Beträge abzusichern. Die genannte Sicherheit kann nach Ablauf der Frist von 60 Kalendertagen ab dem Datum der Rechnungslegung durch den Lieferanten bzw. Nachunternehmer an den Hauptauftragnehmer geltend gemacht werden. Die gleichen Bedingungen gelten im Verhältnis zwischen dem Hauptauftragnehmer und dem öffentlichen Auftraggeber;

2. ein Gläubiger ab dem Verzugsdatum auf alle ausstehenden Beträge gegenüber dem öffentlichen Auftraggeber Anspruch auf Verzugszinsen in der gemäß Artikel 3 Absatz 1 Buchstabe d) berechneten Höhe hat; der öffentliche Auftraggeber bezahlt die Verzugszinsen von Amts wegen, ohne daß es eines Antrags bedarf;

3. es dem öffentlichen Auftraggeber nicht gestattet ist, den Gläubiger darum zu ersuchen oder von ihm zu verlangen, auf eines der Rechte nach diesem Artikel zu verzichten. Ebensowenig darf der Gläubiger seine Lieferanten oder Nachunternehmer darum ersuchen oder von ihnen verlangen, auf diese Rechte zu verzichten.

Artikel 7. Beitreibungsverfahren für unbestrittene Forderungen

1. Die Mitgliedstaaten tragen dafür Sorge, daß ein vollstreckbarer Titel unabhängig von dem Betrag der Geldforderung in der Regel binnen 90 Kalendertagen ab Einreichung der Klage oder des Antrags des Gläubigers bei Gericht oder einer anderen zuständigen Behörde erwirkt werden kann, sofern die Geldforderung oder verfahrensrechtliche Aspekte nicht bestritten werden. Dieser Verpflichtung haben die Mitgliedstaaten im Einklang mit

ihren jeweiligen nationalen Rechts- und Verwaltungsvorschriften nachzukommen.

2. Die jeweiligen nationalen Rechts- und Verwaltungsvorschriften müssen für alle in der Europäischen Gemeinschaft niedergelassenen Gläubiger die gleichen Bedingungen vorsehen.

3. In die Frist des Absatzes 1 von 90 Kalendertagen sind nachstehende Zeiträume nicht einzubeziehen:

(a) die Fristen für Zustellungen,

(b) alle vom Gläubiger verursachten Verzögerungen, wie etwa der für die Korrektur von Anträgen benötigte Zeitraum.

4. Dieser Artikel berührt nicht die Bestimmungen des Brüsseler Übereinkommens über die gerichtliche Zuständigkeit und die Vollstreckung gerichtlicher Entscheidungen in Zivil- und Handelssachen[13].

Artikel 8. Umsetzung

1. Die Mitgliedstaaten erlassen die erforderlichen Rechts- und Verwaltungsvorschriften, um dieser Richtlinie spätestens ab dem ...[14] nachzukommen. Sie setzen die Kommission unverzüglich davon in Kenntnis.

Wenn die Mitgliedstaaten diese Vorschriften erlassen, nehmen sie in den Vorschriften selbst oder durch einen Hinweis bei der amtlichen Veröffentlichung auf diese Richtlinie Bezug. Die Mitgliedstaaten regeln die Einzelheiten der Bezugnahme.

2. Die Mitgliedstaaten können Vorschriften beibehalten oder erlassen, die für den Gläubiger günstiger sind als die zur Erfüllung dieser Richtlinie notwendigen Maßnahmen.

3. Bei der Umsetzung dieser Richtlinie können die Mitgliedstaaten folgendes ausnehmen:

(a) Schulden, die Gegenstand eines gegen den Schuldner eingeleiteten Insolvenzverfahrens sind,

(b) Verträge, die vor dem ...[15] geschlossen worden sind, und

(c) Ansprüche auf Zinszahlungen von weniger als 5 Euro.

---

[13] Konsolidierte Fassung in ABl. C 27 vom 26.1.1998, S. 3.
[14] 24 Monate nach Inkrafttreten dieser Richtlinie.
[15] 24 Monate nach Inkrafttreten dieser Richtlinie.

Anhang

4. Die Mitgliedstaaten teilen der Kommission den Wortlaut der wichtigsten innerstaatlichen Rechtsvorschriften mit, die sie auf dem unter diese Richtlinie fallenden Gebiet erlassen.

5. Drei Jahre nach dem ... überprüft die Kommission unter anderem den gesetzlichen Zinssatz, die vertraglich vorgesehenen Fristen und den Zahlungsverzug, um die Auswirkungen auf den Geschäftsverkehr zu ermitteln und die praktische Handhabung der Rechtsvorschriften zu beurteilen. Die Ergebnisse dieser Überprüfung und anderer Untersuchungen werden dem Europäischen Parlament und dem Rat mitgeteilt, erforderlichenfalls zusammen mit Vorschlägen zur Verbesserung dieser Richtlinie.

Artikel 9. Inkrafttreten

Diese Richtlinie tritt am Tag ihrer Veröffentlichung im Amtsblatt der Europäischen Gemeinschaften in Kraft.

Artikel 10. Adressen

Diese Richtlinie ist an die Mitgliedstaaten gerichtet.

Geschehen zu ....

Sachverzeichnis

Abdingbarkeit 20, 31, 37, 46f, 58, 62
Abnahmefiktion 50, 56f
Abnahmeverweigerung 34ff, 50f, 85f
Abnahmewirkung 6, **36ff**, 45, **49ff**, 58, 85
Abschlagsrechnung 1, 16, 29
Abschlagszahlung 6, 11, 21, **26ff**, 42f, 47, 61, **63ff**, 103, 106, 125f
AGB-Gesetz 13, 20, 24f, 32, 46, 64, 106
Änderungen des Vertrages
  (zw. Unternehmer und Besteller) 54
Anscheins- und Duldungsvollmacht 86
Architektenkammer 48, 77, 105
Aufrechnung **68f**

Basiszinssatz 11, **21**, 103
Baubuch **108f**
Bauindustrie **5ff**
Bauleistung 5, 27, 31, 36, 53, 59, **111ff**
Bauvertrag **4**, 7, 17f, 23, 44
Bauvorhaben 9, 60, 71
Bauwerkvertrag 20, 71
Beendigung (des Verzuges) **19f**
Besichtigungstermin 48, 53, 57, 105
Betriebskosten 2
Beweislast 34f, 43, 49, 51
Beweislastverteilung 54
BGB-Werkverträge V, 18, 58
Bundestag 4, 6, 11, 16, 103
Bürgschaft 44, 60, 127

Diskontsatz-Überleitungsgesetz 22, 103
Dispositiv 22, 31, 46
Dispositives Recht 46
Druckzuschlag 8, 40, **45**, 88
Durchgriffsfälligkeit 40, **41f**

Eigentumserwerb 30
Eingang (der Rechnung) 15, 19, 136
Eigentumsübertragung **30ff**
Einladung (zum Besichtigungstermin) 48, **98f**, 100, 105
Einschreiben/Rückschein 21
Einverständnis/Quittungsvermerk 75
Einzelgewerke 42
Empfangsquittung 21
Ermessen 5, 7, 69

Fälligkeit 7, 14, 17f, 19ff, 34, 39, **40ff**, 66, 103, 126, 139
Fälligkeitsfrist 16, 32
Fälligkeitszinsen 18
Fertigstellungsbescheinigung **12**, **48ff**, 90, 94, 95, 98, 100, 104
Formularverträge 44
Frist 9, 15, 19f, 34, 36, 38, 49, 56, 73f, 104ff, 113, 115f, 119, 121ff, 131, 137, 139
Fristsetzung 36f, 38, 73f

Garantie 9, 44, 59
Gegenrechte (des Unternehmers) 45
Geldforderung 14ff, 19, 21, 103, 106, 140
Geldzahlung 19
Generalunternehmer 30, 32, 40ff
Gericht 3, 7, 36, 41, 45, 49, 55, 66, 69, 136, 138, 140
Gesetz zur Beschleunigung fälliger Zahlungen V, 4, **5**, 13, 21, 71, 76, 85, **103**
Gesetzesänderung 14, 22, 26, 34, 40
Gesetzgeber 16, 17, 28, 29, 31, 32, 34, 36, 45, 49, 55, 58, 60ff, 63f, 68
Gewährleistung **122**, 125, 127f
Gewährleistungsansprüche 50, 122
Gewährleistungsbeginn 43
Gewährleistungsfrist 39, 43
Gläubiger 1f, 14f, 19, 21, 22, 25, 108f, 127, 134f, 136ff
Gleichwertige Zahlungsaufforderung 18, 136f
Gutachter 10, 12, **48ff**, **52ff**, 74, **84f**, 93, 94, 98, 104f

Handwerker 11, 19, 41
Handwerkskammer 48, 77, 105
Hausbau **63**, 106
Herstellung (des versprochenen Werkes) 9, 34, 40, 42, 60, 63, 104, 108, 123
Höhe (der Sicherheit) 8, 9f, 30f, 40, **43f**, 59, 104f, 128

Industrie- und Handelskammer (IHK) 48, 78
Ingenieurkammer 48, 78, 105

Sachverzeichnis

Kalender (kalendermäßiges Datum) 14, 17
Kalendertage 14, 18, 137, 140
Klage 3, 14, 66, 107, 140
Klauselwerke 25, 32
Konkurrenz (zwischen Rechtsvorschriften) 14
Kosten (für die Beauftragung des Sachverst.) 58, **75**, 80, 121, 129

Leistung (vertragsmäßige) 11, 26, **28**, 30, 42, 54
Leistungsverweigerungsrecht 7 f, 9, 41, 64
Leitbild (der gesetzlichen Regeln) 25, 32, 40, 44
Leitbild (des gesetzlichen Werkvertragrechts) 11, 31, 46, 58, 63
Leitbild (neues, des BGB) V, 20, 32, 37, 46, 58
Liquidität 138
Lombardsatz 23, 126
Lombardsatz-Überleitungsverordnung 23

Mahnung 2, **14 ff**, 136
Makler- und Bauträgerverordnung 63 f
Mängel 2, 6 ff, 12, 28, 40 f, 43, 45, **48 ff**, 68, 75, 94, 104 f, 113, 121 f
Mängel (geringfügige) **34 f**, 56, 73, 85, 104
Mangelbeseitigungskosten 35, 40, **45**
Mehrwertsteuer → Umsatzsteuer
Muster: Abnahmeverweigerung 86
Muster: Angebotsabgabe durch sachverständigen 90
Muster: Antrag auf Bestimmung eines Sachv. Durch Kammer 79
Muster: Beauftragung eines Sach. 82
Muster: Bestätigung des Gutachterauftrages 90 f
Muster: Einladung zum Besichtigungstermin 98
Muster: Erste Kontaktaufnahme mit dem Sachverständigen 80
Muster: Fertigstellungsbescheinigung 100
Muster: Geltendmachung eines Zurückbehaltungsrechts 89
Muster. Gutachtervertrag 94
Muster: Einleitung des Sachverständigenverfahrens im Einvernehmen mit dem Besteller 76
Muster: Fristsetzung zur Durchführung der Abnahme 73
Musterbriefe 71
– für Auftragnehmer 73
– für Auftraggeber 85
– für Sachverständige 90

Nachfrist 9, 20, 126, 128, 131

Nachverfahren 51, 69
Nachvollziehbarkeit (einer Rechnung) → Prüfbarkeit 21, 29
Nachweispflicht 2, 29
Nebenforderungen 7, **59 ff**, 105

Prüfbarkeit von Rechnungen 6, 29

Realsicherheiten 44
Rechnung 1, 6 f, 14 ff, 29, 48, 104, 106, 109, 115, 119, 124, 126, 136 f
Rechtsausschuß 4 ff, 16, 20, 66
Rechtsverlust 6, 37, 50
Rechtsverordnung 13, 63 f, 106
Richtlinie 15 f, 132 ff

Schaden 22, 59 f, 68, 106, 116, 118, 120, 123, 131, 139
Schadensersatz 61, 68, 117 f, 120, 134, 138
Schuldner 1 f, **14 f**, **17**, 19 f, 103, 134, 136 ff
Schuldnerverzug 14, 119
Sicherheit 9, 11, 26, 31, 40, **43 f**, 57, **59 f**, 63, 103 ff, 122, 125, 127 f, 140
Sicherheitsleistung (Arten) 9, 30 ff, 40, 44, 49, 59 f, **127 ff**
Sicherungsbedürfnis (des Auftraggebers) 8, 31
SRF-Satz **23**
Stoffe/Bauteile 26 f, 29 ff, 103, **114 ff**
Stundenlohnabrechnung 48, 56 f, 104, 125
Stundung 19
Subunternehmer 24, 30, 32, **40 f**

Tagelohnnachweise 21
Teilleistung 11, 28 f, 43, 111 f
Teilurteil **66 f**, 107
Treu und Glauben 26

Umsatzsteuer 18, 28, 112, 124 f
Unangemessene Benachteiligung 20, 38, 58
Unternehmen 2 f, 6, 24, 28, 31, 46 f, 53, 58, 60 f, 133 f, 135 f
Unwirksamkeit 20, 24

Verband der Fenster- und Fassadenhersteller 5, **7 f**
Verbraucher 5, 11, 20, 45
Vergütung 7, 9, 14, 17, 34, 39, **40 ff**, 57, 59 ff, 69, 85, 88, 104, 108, **111 ff**, 115 f, 118, 123 ff, 130
Vergütung (ohne Abnahme) 49
Vergütung des Sachverständigen 75 f, 94, 98
Verjährung 19, 122 f
Verschulden/Schuldhaft 17, 53, 78, 120, 123

Sachverzeichnis

Vertragsgemäßheit (des hergestellten Werkes) 11, 26, **28, 34 f,** 48, 64, 105, 114 ff, 122, 125
Vertragskündigung 61, 117 ff, 130
Vertragspartner 18, 71
Vertragssoll **54 f**
Vertragsstrafe **51**, 119, 121 f
Vertretung 71
Vertretungsregelungen 71
Verzinsungspflicht 22
Verzögerung (von Zahlungen) 1, 5, 11, 22, 137
Verzug 3, **14 ff**, 45, 56, 66, 74, 103, 114, 116, 119, 121, 127, 140
Verzugszinsen 6, 11, **22 ff**, 65 f, 107, 132, 134, 136 f, 140
Verzugszinssatz 3, 11, 22, 66
VOB 2000 23, 25, 47, **130**
VOB/B 6, 15 ff, 23, 25, 26 ff, 35 ff, 46 f, 51, 58, 71, 85, 130 ff
VOB/B als Ganzes 111
Vollmacht (des Architekten) 85 f
Vorabentscheidung 5
Vorbehaltsurteil **68 f**
Vorleistungen 4, 59, 61, 105, 122
Vorleistungspflicht 26

Werk (abgeschlossene Teile) 11, **26 f,** 30 f, 32, 103
Werktage 16 f, 36 f, 116, 119, 121, 124 ff

Werkvertrag V, 5, 11, 13, **17**, 26 f, 37, 46, 63, 82, 127
Werkvertrag (Gutachter-Unternehmer) 48, 75, **81 f,** 91, 94 ff
Wesentlichkeit (eines Mangels) → Mängel (geringfügige)
Wiederkehrende Geldleistungen 14, 103
Wirksamkeitskontrolle (nach AGB-Gesetz) 25
Wirtschaftliche Hintergründe **1**

Zahlungsaufforderung 14 f, **17 ff**, 103, 136 f
Zahlungsbeschleunigung 23, 49
Zahlungsversprechen 9, 44, 59
Zahlungverzug 1 f, 4, 15 f, 132 ff, 135, 136 f, 142
Zinsen 22 ff, 49, 56, 65, 105, 126 f, 131, 133, 136 f
Zinssatz 3, 14 f, **22 ff, 65**, 131, 134 f, 137 f, 142
Zivilprozeßordnung (ZPO) 13, 53, 66, 68 f, 128
Zugang 14, **16 ff**, 49, 56, 103, 104, 123 ff
Zugangsnachweis 21, 53, 56, 59, 72
Zugangszeitpunkt 21
Zumutbarkeit 35
Zurückbehaltungsrecht 8, 10, 20, 41, 45, 85, 87
Zweiwochenfrist 53